J. S. BACH

WORKS for PIANO
5

Partitas / French Overture / Italian Concerto
Chromatic Fantasy and Fugue / Capriccio

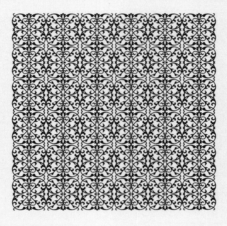

［新版］

バッハ

ピアノ作品集

［5］六つのパルティータ　フランス風序曲　イタリア風協奏曲
半音階的幻想曲とフーガ　カプリッチオ（BWV 992）

編集・校訂・運指
井口基成

楽曲解説・註解・演奏ノート
遠山　裕

Edited and Revised by
MOTONARI IGUCHI

Commentary by
YUTAKA TOYAMA

SHUNJUSHA EDITION

春　秋　社

CONTENTS

Partita III   BWV 827

Partita IV   BWV 828

Partita V   BWV 829

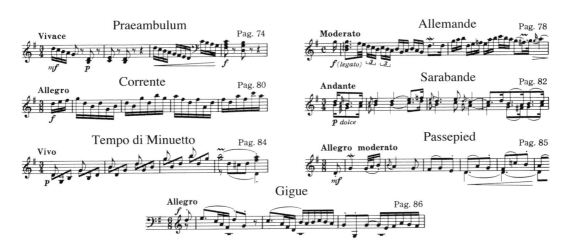

Partita VI BWV 830

フランス風序曲 BWV 831   French Overture

イタリア風協奏曲　BWV 971　　　　　　　　Italian Concerto

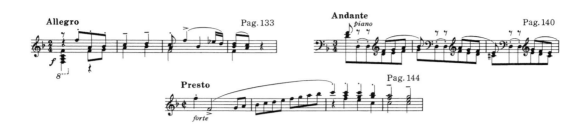

Allegro　Pag. 133
Andante　piano　Pag. 140
Presto　forte　Pag. 144

半音階的幻想曲とフーガ　BWV 903　　　Chromatic Fantasy and Fugue

Fantasy

Allegro molto　Pag. 151

Fugue

Allegro moderato　Pag. 160

最愛の兄の旅立ちに寄せるカプリッチオ　BWV 992

Capriccio　sopra la lontananza del suo fratello dilettissimo

1. Arioso

Ist eine Schmeichelung der Freunde, um denselben
von seiner Reise abzuhalten.

Adagio　Pag. 169　p dolce

2.

Ist eine Vorstellung unterschiedlicher Casuum,
die ihm in der Fremde könnten vorfallen.

(Andante)　(legato)　Pag. 170　p espressivo

3.

Ist ein allgemeines Lamento der Freunde.

Adagissimo　Pag. 171

4.

Allhier kommen die Freunde, weil sie doch sehen,
dass es anders nicht sein kann, und nehmen Abschied.

(Un poco largo)　Pag. 172

5. Aria di Postiglione

Allegro poco　Pag. 173

6. Fuga all' imitazione della cornetta di Postiglione

(Allegro)　Pag. 173　f giojoso

解説（楽曲解説・註解・演奏ノート）　遠山　裕

＊本楽譜の脚註（原註）は井口基成による

Partita I

Praeludium
Moderato

Allemande

Allegretto

Corrente

Vivace

Sarabande
Andante sostenuto

Menuet I

Allegretto

Giga

Vivace

Partita II

Sinfonia
Grave adagio

BWV 826

Andante

(simile)

Allemande
Andante con moto

Courante
Allegro con fuoco

Sarabande
Andante

Rondeaux

Vivace

Capriccio

Allegro con brio

Partita III

Fantasia

BWV 827

Allegro

Allemande

Andante

Corrente
Allegro

Sarabande
Andante

Burlesca

Allegro

Scherzo

Vivace

Gigue

Presto

Partita IV

Ouverture
Grave

BWV 828

Allegro

55

Allemande

Andante

Courante
Allegro

Aria
Andantino quasi Allegretto

Sarabande

Andante

Menuet

Moderato

Gigue

Presto

Partita V

Praeambulum

BWV 829

Vivace

Allemande
Moderato

Corrente
Allegro

Sarabande

Andante

Tempo di Minuetto
Vivo

Passepied

Allegro moderato

Gigue

Allegro

Partita VI

Toccata

BWV 830

(Fuga)

Moderato e tranquillo

Allemanda

Andante

Corrente

Allegretto

Air

Allegro

Sarabande
Lento sostenuto

Tempo di Gavotta
Allegro moderato

Gigue

Allegro

French Overture
(Ouverture nach Französischer Art)

Ouverture

Grave

BWV 831

118

① ビショッフ版その他にはこの二つの『ホ音』を結ぶタイは書かれてない。

Courante
Allegro

Gavotte I

Allegro

Gavotte II
L'istesso tempo

Gavotte I da capo

Passepied I
Allegretto

Passepied II

L'istesso tempo

Passepied I da capo

Sarabande
Andante espressivo

Bourrée I

Vivace

Bourrée II
Poco più tranquillo

(*Bourrée I da capo*)

Gigue
Allegro

Echo

Allegro non troppo

Fin

Italian Concerto
(Concerto nach Italaenischem Gusto)

BWV 971

① この楽章の *allegro* の表示は原稿には書かれてない。

Presto

Chromatic Fantasy and Fugue

Fantasy
Allegro molto

BWV 903

①この『変ロ音』をビューロー版、ザウアー版等では『ﾅ ロ音』としている。

152

①ビューロー版やザウアー版ではこの『嬰ヘ音』は「♮ヘ音」となっている。

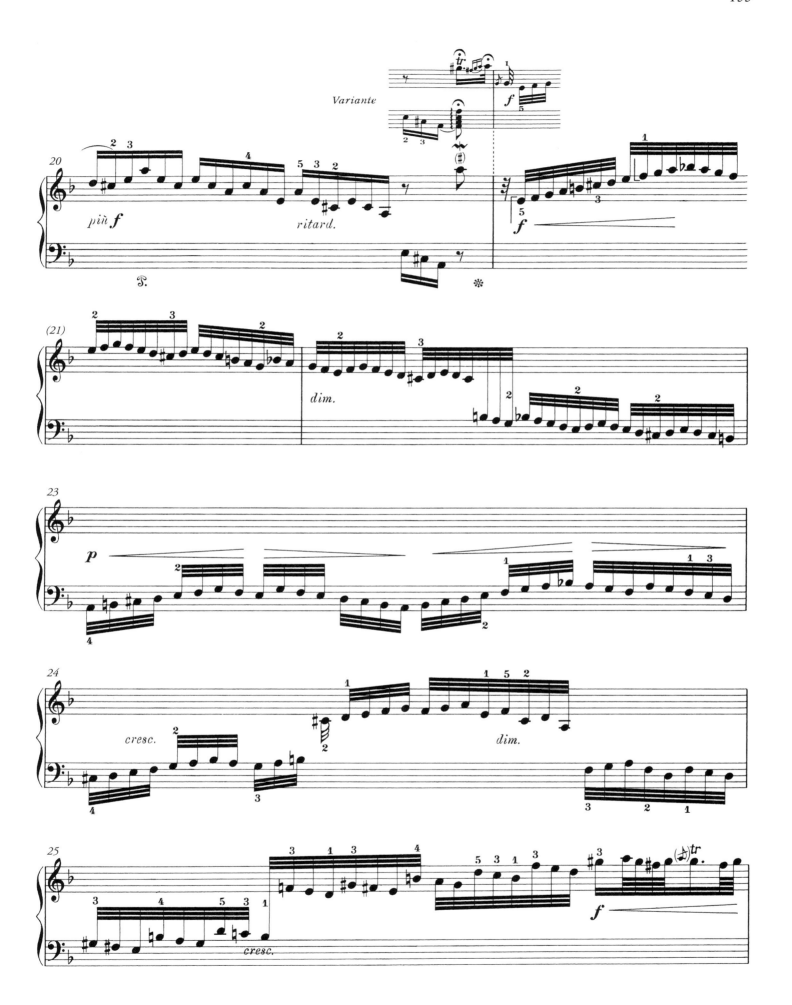

Execution :

① ビューロー版やザウアー版等では
次のようになっている。

Fugue

Allegro moderato

① ビューロー版やザウアー版等では
次のようである。

Capriccio

sopra la lontananza del suo fratello dilettissimo

BWV 992

1. Arioso

Ist eine Schmeichelung der Freunde, um denselben von seiner Reise abzuhalten.

2.

Ist eine Vorstellung unterschiedlicher Casuum, die ihm in der Fremde könnten vorfallen.

(Andante)

3.
Ist ein allgemeines Lamento der Freunde.

4.

Allhier kommen die Freunde, weil sie doch sehen, dass es anders nicht sein kann, und nehmen Abschied.

(Un poco largo)

5. Aria di Postiglione

Allegro poco

6. Fuga all' imitazione della cornetta di Postiglione

(Allegro)

①ビショップ版ではこの三拍目の四分休符のところに『イ音』の四分音符を入れている。

解　説

遠　山　　裕

新版に寄せて

井口基成校訂版の意義

遠山　裕

　井口基成校訂「世界音楽全集　ピアノ篇」（以下「井口版」）は 1950 年代初めより 1972 年までのおよそ 20 年間に春秋社より刊行された全 49 巻のピアノ独奏曲集成である。それはバッハ、モーツァルト、ベートーヴェン、ショパン、シューマン、リスト、ドビュッシーらの主要なピアノ作品を網羅する画期的なエディションであり、当時の国内版楽譜として類を見ぬ正確かつ実践的なその内容は学習者や専門家から高い信頼を得た。この版が日本の音楽教育・研究の発展に果した役割はきわめて大きいものである。

　一方で 20 世紀の後半、音楽界にはいわゆる「原典版」を重用する動きが興った。この動きはそれまで用いられてきた優れた個人校訂版の数々（ブゾーニ版バッハ、シュナーベル版ベートーヴェン、コルトー版ショパン等々）を旧時代の恣意的解釈として排斥する方向に働いた。さながら「原典版に非ずんば楽譜に非ず」と云わんばかりに——。井口版は決して恣意的解釈の誹^{そし}りを被るべき存在ではないが、非原典版排斥の波はこの版をも巻き込みつつあるようだ。

　私自身多くの原典版を精読し、その資料批判や合理的考証の精神に敬意を払い、そこから演奏の貴重なヒントを得てきた者である。しかし私は音楽作品の理解に際して原典版と非原典版とに優劣をつけることが賢明であるとは考えない。原典版を名乗るものにも文字通り玉石、多種多様の版がある。それは個人校訂版も同様である。原典版と個人校訂版とを比較し、双方の長所を積極的に採り入れることにこそ現代の演奏解釈の妙味があろう。

　ここで「原典版」とは何かを改めて考えてみたい。

　「原典」とは作曲家の自筆浄書譜またはその写譜、自筆異稿・草稿またはその写譜、初版譜、初版譜への作曲家による改訂等の資料の総称であり、「原典版」とはある校訂者がそれら原典資料を具体的かつ綜合的に検証した上で最も適切と考える一つの 譜^{テクスト} を構成し、その構成に到った理由や資料の比較等を解説・註解した学術的エディションの名称である。

　「原典版」の使用に際して問題となるのは、第一に「原典」の範囲が作曲家の意図の直接的に及んだ資料、または作曲家の生きた時代の資料にほぼ限られること、第二に「原典版」の成立にはその校訂者の見解が主体的に働くこと、第三に、バロック〜古典期の作品の「原典」がしばしばテンポ、強弱、フレージング等の演奏情報の著しく少ない白地図的譜相を呈すること、第四に「原典版」にはその作品がこんにちまで育まれてきた歴史の反映されていないことである。

　第一の問題は、作曲家の記譜がいかなる場合も絶対的に正確・最善なものではないことを意味する。自筆譜に存在する様々な不備は「原典」の範囲では必ずしも充分に補正されておらず、「原典版」の校訂者もその補正に消極的なケースが多い。さらにクラシックのほとんどのピアノ曲の場合、作曲当時と現在とでは楽器に顕著な違い（ピッチ、音域、メカニズム、響鳴力等）がある。ゆえに現在のピアノで作曲家の意図を再現するにはただ原典に一字一句忠実に演奏するだけでは不充分であり、フレージング、アーティキュレーション、和音構成、ペダル、メトロノーム等様々な項目について up-to-date の解釈を働きかけることが必要となる。作曲家の時代の記譜の了解が現在にそのまま通用することはありえない。

　第二の問題は、ある作品の「原典版」にも多くの異なる版が存在することを意味する。そのいずれを選択すべきか？　正解はすべての原典版を隅々まで吟味比較し、校訂者の校訂方針を見究めた上で割り出すほかはない。が、それは大多数の利用者にとって非現実的な相談である。

　第三の問題は、学習者にとって、奏法のガイドの少ない白地図的譜相から正確な演奏情報を読

み取ることが難しいことを意味する。そこでおおかたの学習者は教師の指示に従う形となるが、その指示がつねに正当なものであるとはかぎらない。

　第四の問題は、優れた音楽作品が単に偉大な作曲家によって記譜・出版されただけで現在まで生き残ったわけではないことを意味する。その譜を手にし、その美点に共感すると同時にその不備をも見定め、必要な補完をなし、最も魅力的な形で聴衆の前へ送り届けることをする人々——すなわち後代の優れた演奏解釈者ら——の何世紀にもわたる努力の連鎖なくしては、私たちが多くの名曲の存在を知らずにいた可能性が大いにあるのだ。そうした歴史を顧みず「原典」にのみ焦点を絞る研究姿勢はいかにも偏っている。後代の演奏家らの個人校訂版にはたしかに主観的・恣意的な面もなくはない。が、それでも彼らの知見・経験の豊かさ、その分析的解釈の有用性は今なお色褪せていない。

　以上をふまえてこの井口版を手にする時、それが原典版の諸問題への適切な解決策を示す存在であることがわかる。作品解釈の歴史に学んだ校訂方針は良識的であり、言葉の最上の意味で「自然な」エディションを成している。分節法（フレージング）、装飾法、運指法、ペダル用法等の適切な指示・補充はもとより、親しみやすい譜相や実際的な譜割といった視覚的要素も奏者の負担の軽減に大きく寄与するところだ。

　このエディションの最大の長所は、私たちが作品を音楽的に、活き活きと表現するための有益なガイドを必要充分に具えている点、そうして多くの個人校訂版と異なりそこに私たち独自の解釈を上乗せする余地を残している点にある。それは偉大なベートーヴェン奏者イヴ・ナットの薫陶を受け、ピアノ演奏家・教育家として一家を成した井口基成の長年の経験のなせるところかも知れない。むろん井口版は原典資料への学術的要求に応えるものではない。これは研究者の書架に並ぶよりも演奏者の譜面台に開かれるための譜である。とはいえ井口の校訂は個人的な偏りが少なく、節度をわきまえたものであるため、比較的シンプルな註解を施すことで当版から原典の様相を窺い知ることも可能である。

　2021年——井口版初版の発刊より70年という時が流れた。この間に新たな発見や研究が数多く積み重ねられてきたことはいうまでもない。今や私たちは1950〜70年代の時点で規範とされた解釈や奏法のすべてを無批判に受け継ぐことはできない。

　今回刊行される新版「世界音楽全集 ピアノ篇」は、井口オリジナルの校訂（フレージング、アーティキュレーション、運指、ペダル、装飾音奏法等）を尊重しつつ、その後の諸研究に照らして旧版の不備を補い、誤りを正し、かつ各巻末に「楽曲解説」「註解」「演奏ノート」の三つのチャプターを設けて現在の学習者・専門家の知的・実践的要求に沿うことを旨としている。「楽曲解説」は作品成立の背景、楽曲の構造、作曲技法、作曲家の意図等、演奏に不可欠な知識を深めるためのガイドである。「註解」では井口版と原典との相違、異版の比較、その他譜面に存在する種々の問題に言及する。「演奏ノート」には解釈や奏法についての実地的な助言・提案を記す。

　この新たなエディションを手にする人々が作曲家の創意とピアノの魅力に親しく接し、音楽への理解をいっそう深めることを願っている。

2021年10月

バッハのクラヴィーア音楽

序　バッハとピアノで

　この数十年の間にバッハの鍵盤音楽の時代考証がめざましく進み、当時の演奏様式への関心が高まった。《平均律クラヴィーア曲集》をバッハの楽器で、バッハのピッチで、バッハの調律で、バッハのテンポで、バッハの奏法で──。それは私たちに大きな興味を提供するものであり、それにより彼の音楽への理解が一段と深められた感がある。「時代楽器」という言葉にはなるほど説得力があった。

　しかしこのムーヴメントは一方で、バッハのクラヴィーア音楽を現代のピアノで演奏することへの懐疑を過剰に喚び起こしたともいえる。「時代楽器」の機運の最も熟した一時期、ピアノで《平均律曲集》や《パルティータ》を公演することに肩身の狭い思いをした演奏家もいたことだろう。

　私はバッハ演奏においてピアノと「時代楽器」とは共存すべきものと考える。振り返ればベートーヴェン、メンデルスゾーン、ショパン、リスト、ブラームス、ブゾーニ、バルトーク、シュナーベル、グールドらはみな、彼らの「今」の楽器・様式でバッハを奏で、その優れた解釈の遺伝子を繋いでバッハ演奏の輝かしい伝統を築いてきた。私たちのバッハへの取り組みもまた、この伝統の最新の一ページであってよいはずだ。「時代楽器」はその新たな系として重視されるが、それにより長い歴史の上にある現代の楽器・ピッチ・調律の価値がにわかに貶められるようなことがあってはならない。タッチやペダルの細やかな表現力を持つ現代のピアノがバッハの多声書法にもたらす演奏効果はきわめて大きく、そこには「時代楽器」とは異なる次元の芸術性が明らかに存在する。ピッチの高まりは歩行や会話の速度の変化と同じく現代人の生活様式に則した自然の順応である。バッハの音楽にはこのようなアップデートをも楽々と受け容れるだけの懐の深さがあるのだ。私たちのなすべきは、バッハ解釈の伝統を踏まえた上で、私たちならではの思考や感覚を彼の音楽に反映させることにほかならない。

　井口基成校訂の「バッハ集」はこの伝統の中継として重要な役割を担うエディションである。バッハ演奏においては「原典版」を用いるのが当然のように考えられているこんにち、演奏情報──テンポ、曲想、強弱、フレージング、アーティキュレーション、アゴーギク、運指等──の丁寧な書き込みを持つ井口版はある意味で異色の存在ともいえよう。が、当版の強みは、その校訂においてチェルニー、ライネッケ、タウジヒ、ビショッフ、ブゾーニら過去の優れた校訂者の解釈が広く比較参照され、それぞれの長所が採り入れられかつ問題点が検討された点にある。要するにこの譜面には19〜

20世紀の多様なバッハ解釈の伝統の最も本質的な部分が映し出されている。こうした伝統的解釈の本質は、原典尊重主義の進んだこんにちにおいても充分、信頼に足りるものだ。むろん、当版に示された演奏情報がことごとく絶対的なものであるわけではない。が、それはバッハ演奏の伝統の継承を担ったあまたの偉大な音楽家の解釈から時間をかけて割り出された貴重な「平均値」である。バッハに初めて接する者はまずこの平均値とその意義とを学ぶ必要がある。それを充分に会得したのち、徐々に独自の解釈の路線を究めていくのがよい。その段階で「原典版」の有用性が実感されるであろう。

　私がこの新版の校訂において旧版テクストの演奏情報の多くを受けついだのも、上に述べたような当版の趣旨を尊重するためである。ただし装飾音奏法をはじめとするいくつかのディテールについては井口校訂以降のバッハ研究をしかるべく採り入れてリヴィジョンの作業に当った。

　「バッハとピアノで」語らう喜び──当版がそれに資すれば幸いである。

原譜の基礎知識

　バッハの時代の音楽家は楽譜から音楽の様式・性格・意図を即座に読み取り、それを各々の解釈で、しかも演奏のつど異なるやり方で表現することに意を用いた。彼らのミュージシャンシップはまさにこの即興演奏の手腕や芸術性により問われたのである。それゆえ当時の楽譜にはテンポ、強弱、フレージング、アーティキュレーション等の演奏情報をあらかじめ定めていないものが多い。

　当版がそうしたガイドを備えたエディションであることは序文に述べた。それをもとに奏者が独自の演奏解釈を深めていく上で、以下の基礎知識をおさえておく必要があるだろう。

1. テンポ、アゴーギク

　テンポを決めるものは楽曲の性格や書法である。概して、軽快なもの、活発なもの、練習曲またはトッカータ風音型によるもの、声数の少ない（二〜三声）ものは速めに、旋律的なもの、抒情的なもの、荘重なもの、声数の多い（三〜四声以上）もの、三十二分音符やそれより短い音価の頻繁に現われるものは遅めに奏される。ただし当時のクラヴィーアの機構や響鳴を考えるに、極端に速いテンポや極端に遅いテンポがバッハの意図するところでなかったことは間違いない。

　速めのテンポの楽曲では基本的にイン・テンポが維持される。一方、緩やかなテンポの楽曲において、曲想の変化に応じて随時微減速や微加速（アゴーギク）のなされるのは自然である。減速に関し

ては、フェルマータ音の前、段落の変り目、重要な主題の導入部分、曲の末尾等で行われることが多いが、その濫用は禁物である。ことに曲の末尾における減速は、やり方を誤れば悪趣味な結果を招くものゆえ注意を要する。

なお反復指示によりあるセクションを二回奏する際、再奏時に異なるテンポを設ける習慣が往時はあったようだが、現代の感覚からすればこれをあからさまに行なうことは好ましくない。

2. 強 弱

バッハには二段鍵盤ハープシコードの使用を想定した作品があり（《インヴェンションとシンフォニア》《イタリア風協奏曲》《フランス風序曲》《ゴルトベルク変奏曲》等）、彼がその機能を利用して強弱の効果的対比を狙ったことは周知のところである。しかし彼の大多数のクラヴィーア作品は、19世紀以降のピアノ音楽で表現されるような *ppp* から *fff* までの幅広い音量の段階やその自由な増減を想定して作られてはいない。ことにドラマティックなクレッシェンドのような概念は当時は存在しなかったものと考えられる。が、バッハの愛したクラヴィコードが微妙な音量調節に適した楽器であった事実を思えば、彼が強弱のニュアンスに富んだ演奏を希んだこと自体は間違いない。——以上の理解が現代のピアノでの演奏にも反映されるべきであろう。

強弱の選択は楽想に応じて行なわれる。ハープシコードの響鳴を考えるに、声数の少ない箇所には弱奏が、声数の多い箇所には強奏がふさわしい。声数が同じでも、下声から上声までの音域の狭い箇所では弱奏が、広い箇所では強奏がイメージされる。また、あるセクションの終りに一定の楽句を二回繰り返すPetite reprise においては、二回目を弱奏するのが常識とされる。ただしこれら強弱の問題には主観的解釈の作用する面もあり、絶対的な正解を示すことはできない。したがって充分な考慮の末であれば、当版に示された強弱指示と異なる方法で演奏してもさしつかえない。反復指示によりあるセクションを二回奏する際などは、強弱に変化を設けることがむしろ推奨される。

3. フレージング

フレージングは演奏の優劣を決定する重要な技法である。句読点の位置を誤った文章が意味を成さぬように、フレージングを誤った演奏は作曲家の意図や感情を伝えることができない。

フレージングは単に楽句を句切って奏することをのみ意味するものではない。そこではフレーズの頭部に強調を設ける、フレーズの末尾に自然なディミヌエンドをかける、声楽の息つぎや弦楽の弓の返しのニュアンスを表わす、他声部との音量のバランスを図る、といったさまざまな工夫が求められる。

バッハのクラヴィーア原譜にフレージング指示（スラー記号による）の書き込まれることは稀であった。これはテンポや強弱の場合と同様に、フレージングの正解がつねに一つではないことを暗に意味するところのようだ。とはいえ正解がやたらと存在するわけではない。当版に記入されたスラー記号は自然かつ合理的なフレーズ構成の手本である。学習者がこの手本から得るところは大きい。

4. アーティキュレーション、タッチ

クラヴィーア作品におけるアーティキュレーションは具体的にはタッチのヴァラエティの問題と考えてよい。それは旋律やパッセージを表情ゆたかに奏でるために不可欠な技法である。その参考資料としては、わずかではあるがバッハ自身が楽想の表情・抑揚をスラーやスタッカートにより明示したケース——「平均律曲集 第Ⅰ巻」ニ短調フーガ、嬰ト短調プレリュード、ロ短調フーガ、「同 第Ⅱ巻」ニ長調プレリュード、ホ短調フーガ、ヘ長調フーガ、変ロ長調フーガ、「第四フランス風組曲」サラバンドおよびガヴォット、「フランス風序曲」ガヴォットおよびブレ、「イタリア風協奏曲」、「ゴルトベルク変奏曲」第十三、十五、二十五変奏等——を精査するに如くはない。

概していえば、順次進行を主体になだらかに動く抒情的なフレーズ（当版の例：「平均律曲集 第Ⅰ巻」変ホ長調プレリュード、「同 第Ⅱ巻」嬰ト短調フーガ、「二声インヴェンション」ホ長調、「三声シンフォニア」ホ短調等）にはレガートが、リズミカルな音型や跳躍進行により活発に動くフレーズ（例：「平均律曲集 第Ⅰ巻」ホ短調フーガ、「同 第Ⅱ巻」ト長調フーガ、「二声インヴェンション」ト長調等）にはノン・レガートがふさわしい。フレーズの一部または全部の音節の強調にテヌート、スタッカート、アクセントを用いるのも効果的である（例：「平均律曲集 第Ⅰ巻」ハ短調フーガ、ヘ短調フーガ、嬰ヘ短調フーガ、ト長調フーガ、変ロ短調フーガ、「同 第Ⅱ巻」イ短調フーガ、ロ長調フーガ、「二声インヴェンション」変ホ長調等）。現代のピアノは特にレガート、テヌート、マルカート、レッジェーロの表現に秀でている。これらは楽想に応じて積極的に採り入れるのがよい。

5. 装飾音

バッハのクラヴィーア作品の演奏において最もしばしば議論の対象となるのが装飾音の問題である。装飾音はその名の示すような趣味的なアクセサリーというものではなく、多くの場合、楽曲の性格の決定や、旋律・和声の構成に不可欠な要素として重要な機能を担っている。バッハ自身その重要性に鑑みて、記号と奏法との対応を次のように示した（「ヴィルヘルム・フリーデマン・バッハのためのクラヴィーア小曲集」所載の表）。

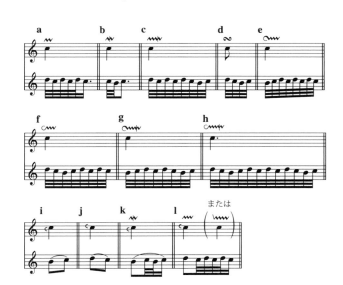

a）トリル（**tr**と表記される場合もある）。原則として実音の二度上の補助音から始めるが、実音から始めるべきケースも少なくない。顫動の回数は速いテンポの楽曲や短い音価の音符の場合は二回で充分である。長い音価の音符に付けられた場合はその音価の範囲にわたって顫動を維持することもある。

　b）モルデント。実音から始める。顫動の回数は一回。

　c）a＋bの複合型。

　d）グルペット（ターン）。二度上の補助音から始める。

　e）dを反転・延長したもの。

　f）dを延長したもの。

　g）e＋cの複合型。

　h）f＋cの複合型。

　i、j）前打音。当版でこれらは小八分音符前打（♪）の近代表記に改められている。前打音は必ず拍と同時に奏され、かつ充分な長さを保ってから実音へレガートに移行する（長前打音）。前打音を短く打ちつける奏法（短前打音）はバッハにおいては正しくない。

　k）i＋bの複合型。

　l）j＋aの複合型。

バッハの示した奏法（エグゼキュシオン）はしかし、あくまで参考モデルであってこれが唯一絶対のメソードというわけではない。バッハの時代には国や地域によって装飾法のスタイルに違いがあり、同じ曲の同じ装飾音が奏者によって異なるふうに奏されることも珍しくなかった。またスタイルの問題は別としても、楽曲のテンポや曲想、または楽器の相違等さまざまな理由から、装飾音奏法は場面に応じて柔軟に変化するのが当然である。ことに当時のクラヴィーアと現代のピアノとではメカニズムや響鳴に大きな違いがある。それが装飾音の形に影響しないはずはない。

　ただし遵守すべきは、装飾音の最初の音は拍と同時に奏されるという原理である（アクセントはこの最初の音に置かれる）。また前打音（上記i、j）を「短前打音」（19世紀以降のスタイル）で奏することはつねに避けられなければならない。

　当版で私は、重要な装飾音について奏法の参考例を「演奏ノート」に示した。が、このように具体化された記譜が「ソルフェージュ的」に実践されることを危惧するものでもある。願わくば、奏法への過度なこだわりが装飾音本来の魅力をそこなわぬことを。

　以下、本書では音名を英語式に表記する。音域の表記はヘルムホルツの方式による：

| $C_1 D_1 E_1 F_1 G_1 A_1 B_1$ | C D E F G A B | c d e f g a b | $c^1 d^1 e^1 f^1 g^1 a^1 b^1$ | $c^2 d^2 e^2 f^2 g^2 a^2 b^2$ | $c^3 d^3 e^3 f^3 g^3 a^3 b^3$ | $c^4 d^4 e^4 f^4$ |

楽曲解説

六つのパルティータ
BWV 825 – 830

作曲時期：1725 – 1730 年。

初版：自家出版（ライプツィヒ）。単独版：1726 年（第一作）、1727 年（第二、三作）、1728 年（第四作）、1730 年（第五、六作）。全曲版「クラヴィーア練習曲 第Ⅰ部」：1731 年。

1. 成　立

　1726 年 9 月、バッハはライプツィヒの聖ミカエルの市（いち）に出品すべくハープシコードのための「変ロ長調パルティータ」を自家出版する。彼はその後 1727 年に「ハ短調」「イ短調」、1728 年に「ニ長調」、1730 年に「ト長調」「ホ短調」のパルティータを個々に刊行し、1731 年にはこれら六作品を一巻にまとめ「クラヴィーア練習曲 Clavier Übung」として « Opus 1 » という栄えある作品番号により上梓した。ここで重視すべきは、バッハが他のいかなる器楽ジャンルに先んじてクラヴィーア作品を、なおかつ《平均律曲集》《インヴェンションとシンフォニア》《イギリス組曲》《フランス組曲》等の旧作をさしおいて「パルティータ」を第一に出版した事実である。それはクラヴィーア（ハープシコード）への彼の高い信頼と、この新作に対する彼の並々ならぬ自負とを物語る行為に違いない。

　バッハが「パルティータ」を「クラヴィーア練習曲」という表題のもとに公刊したのはヨハン・クーナウ[*1]の前例に倣ったところと考えられる。クーナウはライプツィヒの聖トマス教会におけるバッハの前任カントルであり、1689 – 1692 年に「クラヴィーア練習曲」と題してパルティータの集成を発表していた[*2]。街の名士たりし先達への敬意を、バッハは彼の Opus 1 に込めたものかも知れない。その後、この「クラヴィーア練習曲」のシリーズは第Ⅱ部（1735 年、《イタリア風協奏曲》《フランス風序曲》）、第Ⅲ部（1739 年、《コラール前奏曲集》《四つのデュエット》）、そうして第Ⅳ部（1741 年、《ゴルトベルク変奏曲》）と受けつがれ、バッハ後期のクラヴィーア作品の重要なクロニクルを形成するところとなる。

　「六つのパルティータ」の作曲年の特定は難しい。それぞれの個別出版（1726、1727、1728、1730 年）の直前に完成されたと考えるのが自然だが、作曲の開始はそれよりも古い年月であった可能性が高い。実際「第三」「第六」の二作はその初期稿が 1725 年の「アンナ・マグダレーナ・バッハの音楽帖」に含まれる事実から、この年以前に着手されたことがわかる。さらには「第六パルティータ」の「クラント」「ガヴォット」の二章がもとはケーテン期の「ヴァイオリンとハープシコードのためのト長調ソナタ BWV 1019」の初期稿（1721 – 1723）に含まれていた事実、また「第一パルティー

タ」の「二つのメヌエット」の初期稿がバッハの家族による「クラヴィーア小品集」と題された音楽帖（おそらく 1725 年以前）に収録されていた事実も明らかになっている。

2. タイトルと全体像

　「パルティータ」の語源はイタリア語動詞 *partire*（分ける）にある。したがっていくつかのパートに分けられた楽曲という理解のもと、当初「パルティータ」はおもに変奏曲の名称に用いられたが、やがて小品や舞曲の組曲のタイトルとしてことにドイツで広まりを見せた。バッハの範としたクーナウのパルティータはプレリュード、アルマンド、クラント、サラバンド、ジグの五楽章による組曲の体裁を成している。一方でバッハ自身の「無伴奏ヴァイオリンのための三つのパルティータ BWV 1002, 1004 & 1006」（1720 年頃）にはプレリュード、古典舞曲（アルマンド、クラント、サラバンド、ジグ）および任意のギャラントリ（ブレ、ガヴォット、ルール、メヌエット）、それらの変奏（ドゥブル）、さらには大規模な変奏曲シャコンヌが登場する。その選曲、配列には自由な方式がもたらされた。

　この曲目の多様さはとりもなおさずハープシコードのための「六つのパルティータ」の特徴でもある。ここに収録される楽曲名を列挙すれば——プレルーディウム、シンフォニア、ファンタジア、ウヴェルチュル、プレアンブルム、トッカータ（以上前奏曲）、アルマンド、クラント（コレンテ）、サラバンド、ジグ（ジガ）（以上古典舞曲）、ガヴォット、メヌエット（ミヌエッタ）、パスピエ、エール（アリア）、ブルレスカ、カプリッチオ、ロンド、スケルツォ（以上ギャラントリ）。前奏曲の命名がすべて異なる点、またギャラントリのヴァラエティが豊かである点が眼を惹く。また《イギリス組曲》《フランス組曲》で曲名は仏語表記に統一されたが、ここではフランス、イタリア、ドイツ、ラテンの諸言語が曲想に応じて使い分けられる点も興味ぶかい。

　「六つのパルティータ」は長調三作、短調三作というバランスのよいまとまりを成している。六作のトニックは無重複に選択され、その順序「b♭–c–a–d–g–e」を五線上に示せば、それが徐々に振幅を大きくする波線となることがわかる。

　バッハは当初（クーナウに倣ってか[*2]）七つのパルティータの作曲を予定していたようである[*3]。もしそれが実現していたら、上のトニック選択の法則に鑑みて、バッハはその（現存しない）「第七パルティータ」にへ長（短）調（または嬰へ短調）を与え、ダイアトニック音階の七音の網羅（c, d, e, f(♯), g, a, b♭）を果たしたことであろう（この推測はロ短調の「フランス風序曲 BWV 831」を「第七パルティー

タ」と見なす俗説に対する反証の一つとなる）。しかしこの全七作という組曲数は結局、バッハの意に副うところとはならなかったようだ。

3. 性　格

「パルティータ」の長調三作は優美（変ロ長調）、壮麗（ニ長調）、軽快（ト長調）、短調三作は悲劇的（ハ短調）、奇想的（イ短調）、幻想的（ホ短調）と、個々に明確な性格の方向性を有し、それぞれの独自色を打ち出している。この性格的な多様性こそが「パルティータ」の魅力であり、等質性の強い「イギリス組曲」「フランス組曲」との重要な相違点でもある。

ライプツィヒ期の「パルティータ」がケーテン期以前の組曲と較べて円熟した風格をそなえている事実は驚くに足りない。それは作品全体のパースペクティヴの広さや選曲の自由さ、楽想の高貴さ、音響の豊かさはもとより、楽曲のフォルムや作曲・演奏両面のテクニックの捌（さば）きといった多くの特質に起因している。ことに対位法・和声法の完成度や、新時代のクラヴィーアを射程に入れた鍵盤技法の創意には目を瞠るものがある。また作曲の時系列に並べられた六作の作風が、簡潔なものから入念なものへと順を追って円熟を増していく様も、他の組曲集には観られぬ特徴といえよう。

ちなみに「イギリス組曲」「フランス組曲」に倣って「パルティータ」を「ドイツ風組曲」と見なす向きもあるようだが、これは説得力に乏しい解釈といわざるをえない。「パルティータ」というタイトルが当時おもにドイツの音楽家に好まれた事実、また「第一パルティータ BWV 825」の前奏曲名がドイツ語で表記された事実はその根拠としていかにも薄弱であり、六つのパルティータ全体を「ドイツ風」と定義することには大きな違和感がある。確かなことは、バッハが「第二」「第四」パルティータにはフランス様式を、「第一」「第三」「第五」パルティータにはイタリア様式を採り入れた点、さらに「第六」パルティータでは彼の手にするあらゆる様式を融和させて独自の組曲の新生を期したという点に尽きる。

4. 内　容

「パルティータ」の楽章数は六（第一、二作）または七（第三〜六作）。バッハのクラヴィーア組曲としては標準的な構成である。「第一」「第二」「第三」「第五」パルティータの規模（演奏時間）は《イギリス組曲》（第六作を除く）の平均とほぼ同じだが、「第四」「第六」パルティータはそれらからすれば五割がた大きく、すべての反復を実行した場合の演奏時間はそれぞれ三十分に及ぶ。これはベートーヴェンの最も大がかりないくつかのピアノソナタに匹敵する規模であり、1730 年当時のクラヴィーア独奏曲としては異例のサイズである。

バッハの組曲、およびそれを構成する舞曲については当版「バッハ集 第3巻」の解説「バッハのクラヴィーア組曲（概要、舞曲の基礎知識）」を参照されたい。なお Menuet は本来「ムニュエ」と発音すべきものだが、本書では一般的な「メヌエット」の読みで表記する。

「パルティータ」の構成においてバッハは、かつて《イギリス組曲》において打ち樹てた定型「前奏曲〜アルマンド〜クラント〜サラバンド〜任意ギャラントリ〜ジグ」をおおむね踏襲している。が、そこに生じるいくつかの変化は見過ごされない。すなわち「第二パ

ルティータ」ではジグに代ってカプリッチオが終楽章となる。「第四」および「第六」ではサラバンドの前にギャラントリ（アリア、エール）が置かれる。こうした融通は組曲に対するバッハのコンセプションの成熟によりもたらされたところと考えられる。私たちは近い将来「フランス風序曲 BWV 831」においてさらに大胆な楽章構成を観るであろう。

前奏曲は六作それぞれに異なる名称を持ち、フォルム・内容ともに多様である。この点で《イギリス組曲》の前奏曲――「プレリュード」の名称に統一され、三部分構成の定型につねに則した作曲方式――との相違が明らかである。六つの前奏曲の名称と様式を整理すると：「プレルーディウム」（第一パルティータ）はトリオ（三声シンフォニア）様式、「シンフォニア」（第二）は管弦楽前奏曲様式、「ファンタジア」（第三）はデュオ（二声インヴェンション）様式、「ウヴェルチュル」（第四）はフランス風序曲様式、「プレアンブルム」（第五）は自由なクラヴィーア前奏曲様式（《平均律曲集》プレリュードに類例）、「トッカータ」（第六）はオルガン幻想曲＋フーガ様式。「プレルーディウム」「ファンタジア」「プレアンブルム」は短く単一のセクションより成り、「シンフォニア」「ウヴェルチュル」「トッカータ」は長く複数のセクションを有する。

基本舞曲（アルマンド、クラント、サラバンド、ジグ）について特筆すべきは以下の四点である。第一に、「パルティータ」では三つのアルマンド（第二、三、四作）が長めのアウフタクトに開始する。これは《イギリス組曲》のアルマンドがすべて短いアウフタクト（十六分音符）に開始した事実と比較して興味ぶかいところだ。第二に、「クラント」がイタリア風とフランス風の二つのスタイルに区別される。バッハは前者（第一、三、五、六作）を「コレンテ Corrente」、後者（第二、四作）を「クラント Courante」として、曲名を書き分けている。第三に、「サラバンド」の楽想が従来にましてリトミックの変化に富み、記譜はしばしばデコラティヴなものとなる。また三つのサラバンド（第三、五、六作）が非常套的なアウフタクト開始を取る事実も銘記すべきである。第四に、「ジグ」にイタリア風「ジガ Giga」一曲（第一作）とフランス風「ジグ Gigue」四曲（第三〜六作）の二つのスタイルがもたらされる。後者のうち二曲（第一、四）はアウフタクトによらず第一拍に開始する。「第六パルティータ」のジグはこのジャンルにおける最高傑作と呼ぶに値する。

ギャラントリの種類の豊富さは「パルティータ」の魅力の一つである。その曲名をすべて記せば、ガヴォット、メヌエット、パスピエ、エール、ブルレスカ、カプリッチオ、ロンド、スケルツォ。注意すべきは、これらのうち《イギリス組曲》《フランス組曲》に前例のないブルレスカ、カプリッチオ、ロンド、スケルツォを含む「第二」「第三」パルティータが、一種の「嬉遊曲」の様相を呈する点である。それはクープランの「組曲（オルドル）」からモーツァルトの「ディヴェルティメント」に到る魅惑的なコンセール様式の進展のひとこまとも言えるもので、バッハが組曲の作曲に際してただ古典的な舞踏楽の作法の前に低頭するばかりではなかったことがこれによりうかがわれる。「パルティータ」においてバッハは聴き手の心を明ませる音楽という趣向への鋭い興味を示したのだ。なお《イギリス組曲》のギャラントリはつねに二連曲（Ⅰ〜Ⅱ〜Ⅰ）として書かれたが、「パルティータ」でその方式を踏むものは「第一パルティー

タ」のメヌエットのみで、それ以外はいずれも単独曲の形をなしている。

5. 演奏技法と楽器

「パルティータ」の演奏に要求される鍵盤のテクニックはしばしば、現代のピアノ奏法との接近を示すものである。「第一パルティータ」のジグにおける両手交叉（左手跳躍）、「第二パルティータ」のカプリッチオにおける十度音程の跳躍、「第二パルティータ」シンフォニアや「第四パルティータ」ウヴェルチュール、「第六パルティータ」トッカータにおける強弱対比や交響的響鳴等はその実例のほんの一部にすぎない。鍵盤上の配音、パッセージの速度、個々の音符のタッチのニュアンスといったあらゆる観点において、従前のシンプルなクラヴィコードやハープシコードをもってしてはもはや十全に実現できない新たな演奏表現の数々が「パルティータ」の譜面には示されている。バッハはそこに演奏楽器を特定してはいないが、それが二段鍵盤ハープシコードの使用を明記した《イタリア風協奏曲》《フランス風序曲》《ゴルトベルク変奏曲》と同じく、新たな楽器、新たな奏法への彼の強い期待を反映した作品であることは間違いない。したがって現代のピアノでの演奏に際し、いくつかのディテールにおいて楽器の音域や機能にふさわしい編 曲の行なわれることは芸術的観点から充分に許容されるところである。これに関してはブゾーニらの校訂版がよき参考となろう。

────

第一パルティータ 変ロ長調 BWV825

この魅力的なパルティータを、バッハはかつて仕えたケーテン侯レオポルトの長子エマヌエル・ルートヴィヒ（1726年9月12日生）の誕生祝として献呈した。ケーテン侯に贈られた初版譜の見返しのページにはバッハ自身による古雅な頌詩が認められており、その一行には「これらわが絃より摘み集められし初生りの果実…」とある。バッハはこのパルティータが全六作の筆頭を飾るものになることをすでに見越していたかのようだ。実際これは六作中最もシンプルなものであり、その新鮮で悦びにみちた曲趣はアルバムの第一章を飾るにまことに似つかわしい。

プレルーディウム、アルマンド、コレンテ、サラバンド、メヌエット、ジガの六楽章。そのうちアルマンド、コレンテ、メヌエット、ジガの四章は速めのテンポを取り、爽快な技巧と明朗な音響がドメニコ・スカルラッティらイタリアのチェンバリストの演奏様式を想わせる。一方で典雅なプレルディウムと抒情的なサラバンドが表現の奥行を深め、全体の重心を成している。

プレルーディウム 　4/4拍子

バッハはここに Präludium というドイツ語の作品名を刻んだ。後続楽章のうちコレンテ、ジガの二曲がイタリア語表記されている事実を見れば Preludio とする選択肢もあったはずだが、彼はそれを採らなかった。彼はこの前奏曲の論理的な書式と節度あるリリシズムをドイツ的と考えたのであろうか。

三声の書式。それは「シンフォニア」のスタイルを想わせもする

が、アルト声部をほとんどつねに副次声部として扱う手法は「シンフォニア」の三声書式とは相容れない。冒頭バスへの長いトニックペダルの設置や、最終三小節における総計五（六）声による響鳴の増補を観るに、これはオルガンのためのパストラルに近い作品といえよう。

第一楽段（第1‐4小節）。ソプラノに呈示される主旋律[4]はトニックを軸音とする長く纏綿たる波状のラインであり、徐々にその振幅を大きくしてオクターヴ上方のトニックに触れるや、小さな結び目（第2小節第四拍～第3小節第一拍）を作って句点（第3小節第一拍）に及ぶ。本書では主旋律の波状ラインをa、結び目のモチーフをbとする。この間アルトは緩やかな順次的対旋律により主旋律と和し、奏楽に莞爾たる表情をもたらす。句点ののちソプラノに連鎖するb句が甘美な推移節を形成する。バスはトニックのペダルの果てたのちコンティヌオ風の歩みで上二声を支える。

第二楽段（第4‐9小節）では主旋律がバスに歌われ、ソプラノに対旋律、アルトにペダルが配される。bによる推移節（第6‐9小節）がいくぶん引きのばされ、ト短調の半終止に到る。

第三楽段（第9‐14小節）。主旋律はアルトに始まるが、一小節のちそのラインはバスに奪われ（第10小節）、ソプラノにひらめくbがひとまずト短調終止を結ぶ。主旋律頭部のトリル動機がソプラノ～アルトにこだまし（一拍時差）、その明らかな声によりへ長調への転調が促される。ソプラノに発する主旋律（第12小節）。しかしそれも完結を待たず、みずからb句を呼び入れてへ長調終止に入る。

第四楽段（第14‐19小節）の前部（第14‐17小節）では、へ長調より主調（変ロ長調）に戻る過程がbによる優美なシークエンスに彩られる。後部（第17‐19小節）ではバスが主旋律を担い、そこから充分な距離を置いて上二声が対旋律を奏でる。以上四楽段が「三小節半～四小節半～五小節～五小節」と、漸次寸法を大きくする点に注意。

第五楽段（第19‐21小節）はコーダである。ソプラノに主旋律。下二声は四（五）声に分かれ、対旋律の和声的肉づきをゆたかにする。

アルマンド　4/4拍子

バッハのアルマンドとしては最も速いテンポに奏されるものの一つであろう。それは八分音符の明快な拍動や二声主体の書式はもとより、この舞曲特有の折線状の楽想がしばしば分散和音または単純音階の音列より成るためである。ことに分散和音への傾向は後継コレンテ、メヌエット、ジガの三楽章にも共通のもので、これらの楽章はみなテンポの停滞を好まない。十六分音符のラインを両手に取り分ける指示（第1‐4、19‐20小節）もまた、それが敏捷なパッセージであることをおのずから物語っている。

前部（第0‐18小節）。楽段の明確な区分はなされない。曲は三つの楽想（a～c）から成る。第一楽想（a）は冒頭、上声にほとばしり出る十六分音符楽句。分散和音的なそのラインは各小節第一拍のバス・トニックの柱に支えられ、四小節の「T‐S‐D‐T」の和声イディオムを示す。注意すべきはその第一～二拍部分にさりげなく読みこまれた下方刺繍音音型（$b^{\flat 1}-a^1-b^{\flat 1}$, etc.）である。これはこの第一楽想と、後出第二（b）、第三（c）楽想とを関連づける

共通の素材となる。ト短調への魅力的な転調（第4-7小節）もつかの間に、たちまちへ長調が呼び寄せられ、第二楽想（b）が出現する（上声第7小節～）。これは件の刺繍音音型を端緒とする順次的音列だが、その後部（第9小節～）では第一楽想由来のブリゼの音型が顕著となる。ヘ長調のドミナントがバスに定着し（第12小節）、第三楽想（c）が導かれる（上声第12小節～）。ダクティル格のリズム反復による順次音列のフレーズが中音域に発し徐々に音域を高めて最高音域「c³」に触れる。第一楽想部では四拍（または二拍）に一回（四分音符）、第二楽想部では半拍（または一拍）に一回（八分音符）と、次第に発音のペースを縮めてきたバスがこの第三楽想部に到ってそれまでに蓄えたエネルギーを十六分音符走句として発露する。二小節の結句（第17-18小節）をバッハは四声に分割表記し、終止を賑やかに彩った。

後部（第18-38小節）。アルマンドに慣習的な楽想の反転は行なわれない。第一楽段（第18-32小節）。第一楽想原形の呈示ののち暫定的な三声体が第二楽想に言及してト短調に転ずる（第21-22小節）。その後第一楽想（第22-24小節）～第二楽想変形（第24-27小節）～第三楽想（第27-32小節）と進展してハ短調に終止。第二楽段（第32-38小節）では第一、第二の両楽想を混合した十六分音符の連続的なパッセージを上声が担い、下声は八分音符の規則的な歩みに徹する。ハ短調より変ホ長調を経て変ロ長調へ。第一部の結句に相当するコーダは設けられないが、第37小節第四拍より第38小節最終音までの上声には第17-18小節に準じた二声分割の解釈が可能である［「演奏ノート」参照］。

コレンテ $\frac{3}{4}$拍子

イタリア風コレンテの典型的作品。二声書式、絶えざる三連八分音符の動き、しばしば分散和音的な音列、跳躍的なトロカイクのリズム——これらは穏やかなフランス風クラントよりも速いテンポを、そうして乾いたタッチを求めるものである。その地中海性の気象の中に、バッハならではのエレガンスや、陰影に富んだイントネーションを表現する喜びは大きい。

前部（第0-28小節）。前曲アルマンドとの関連がところどころに感知される。すなわち、主楽想（a）の音列が分散和音的であり、その内部に下方刺繍音音型「b♭¹-a¹-b♭¹」の含まれる点、パラグラフ分割の不明瞭である点、中央付近（第12-13小節）にヘ長調半終止が示され、そのドミナントのバスペダルが敷かれる点など——。冒頭主楽想（上声）に対位する対旋律（b）（下声）はトロカイクのリズムに舞踏的な身ぶりを表わす。ことに第4小節の上行下行のオクターヴ跳躍句（b′）は喜悦のきわみだ。推移節（第5-10小節）で主楽想は下声と上声とに一小節ごとに受け渡され、ヘ長調に転ずる。ドミナントのバスペダルに基づくエピソード（第13-17小節）ではトリルつきアウフタクトに導かれる上声が曲趣に変化を添える。ヘ長調終止（第17小節）を受けて主楽想が回帰。後奏（第24-28小節）では冒頭対旋律の跳躍句が下声に連続的なフレーズを成す。

後部（第28-60小節）。第一楽段（第28-46小節）。主楽想はヘ長調よりト短調へ。分散和音音列による嬉遊（第33-37小節）ののち、b′の連鎖（上声）とシンコペーションをおびた走句（下声）とがアクロバットを演じ、ト短調に着地する。第二楽段（第46-60小節）。主楽想素材の応酬の中、主調のドミナント「F」音がバスに定まる

（第50小節～）。短調の変化音をおびつつ終止が結せられる（～第56小節）。後奏（第56-60小節）のコーダは前部のそれと異なり、下声に跳躍句を持たない。

サラバンド $\frac{3}{4}$拍子

デコラティヴなアリア様式。それはバッハの緩徐曲の一つの典型である。第一拍への付点リズム、また第二拍の強調は舞曲サラバンドの抑揚にほかならないが、上声の麗雅な旋律線と細緻をきわめた装飾法はこれが舞曲である事実をしばし忘れさせる。書式は二声（主旋律およびバス）が基本。和声補充の目的で内声が付加される。

前部（第1-12小節）は三楽節（各四小節）より成る。その最初の二楽節（八小節）がアルマンドの冒頭七小節と和声構造をほぼ同じくする事実はもちろん、バッハの意図したところであろう（彼はこのパルティータの六つの楽章にかような関連の糸を多く張りめぐらしている）。ただしアルマンドにおいて刹那のニュアンスにすぎなかった下方変位第七音「a♭¹」は、ここでより長い響きの持続（第2小節）を得て甘美な情趣を表わし、この楽章のロマンティックな気象を印象づける。第一楽節（第1-4小節）ではトニックのバスペダル上に「T－S－D－T」のカデンツが構成される。主旋律は（第3小節を除いて）第一拍部分に付点リズムを置く定型により、三十二分音符のラインにグルペットや滑走音の雅致を漂わせる。第二楽節（第4-9小節）では第一拍部に変化が生じ、旋律音価の細分が進む。七度和声の連鎖（第5-6小節）がト短調を呼び、さらに両声の反進行的開離によりヘ長調の明るみが求められる。第三楽節（第9-12小節）でバスが初めて連続的な四分音符のラインと化す。その豊かな和声的響鳴の中にたゆたう主旋律の歌声は深い感慨にみちたものだ。

後部（第13-28小節）は四楽節（各四小節）より成る。第一楽節（第13-16小節）は第一部第一楽節に準じるが、第15-16小節部分にアルト声部の派生という変化が起る。ヘ長調より変ロ長調へ。第二楽節（第16-20小節）はハ短調。旋律はにわかに苦悩の色を濃くする。第19小節におけるプレルーディウムの回想に注意せよ。第三楽節（第20-25小節）。それまで背景の立ち位置に甘んじてきたバスが突如として前景に躍進し、起伏に富んだ十六分音符の音列（第21-23小節）を力強く奏でて音域を高める。コレンテの躍動を彷彿させる付点リズム（第23小節）がヘ長調の終止を引き締める。主調を戻して始まる第四楽節（第25-28小節）は前部第三楽節に準じる。しかしバスはもはや当初の四分音符の型に戻りはしない。その雄弁なフレーズはチェロの奏鳴を想わせもしよう。

二つのメヌエット $\frac{3}{4}$拍子

メヌエットⅠは全三十八小節。書式は二声。上声（主旋律）は八分音符の動きを絶やさず、下声は弦楽器のデタシェの弓づかいに似たユーモラスな四分音符の歩幅で低音部譜表域を闊歩する。主旋律冒頭部の、トニックを軸音とする波形のラインにはプレルーディウムの主楽想との親密な関係がうかがわれる。一方で下声は型に嵌ったコンティヌオ伴奏に飽き足らず、音列や音向を自由に変化させて旋律と対位する。メヌエットとしての舞踏性は上声よりもむしろこの下声に感知されよう。前部（第1-16小節）は単一楽段。最後の四小節に及んでヘ長調への転調が施行される。反復時（第16a小節）

の上声十六分音符の旋回句（ヴォリュト）は愉快のきわみだ。後部（第17-38小節）は二楽段。第一楽段（第17-25小節）はヘ長調～ト短調。楽段の変り目にヴォリュトが挿入される。第二楽段（第25-38小節）は変ホ長調を掠（かす）めて変ロ長調へ。両声が挙って高音域へ飛翔したのち、それぞれ自らの音域に落ち着いて曲調を整え、終止に及ぶ。

メヌエットⅡは十六小節と短い。書式は四声。二部は各八小節の単一楽段。前部（第1-8小節）はバスのトニックペダルにミュゼット風の趣向を表わす。狭音域に密集する四声の響きあいはいかにもバグパイプ風である。下方変位第七音「a♭¹」がプレルーディウム、アルマンド、サラバンドを想わせることは言を俟（ま）たぬところだが、鋭敏な聴者であれば下二声（左手）の冒頭三小節にプレルーディウム冒頭部との音列的連関を観て取るであろう。転調は行なわれず、主調の半終止に到って句点となる。後部（第9-16小節）ではペダルの役割から解放されたバスが自由な動向を見せ、四声の音域が拡がる。前半四小節はト短調に終止。その後変ホ長調の甘美な誘惑をひらりとかわして、エレガントな所作により変ロ長調の終止が結ばれる。

ジガ $\frac{4}{4}$拍子

バッハの筆になる最も優美なジグのひとつである。この舞曲に特有の角張りや棘々（とげとげ）しさは皆無であり、従来クラヴィーアのための多くのジグが依拠したところのフーガ様式もここではきっぱりと排除される。潺湲（せんかん）たる瀬音（せおと）にも似た三連音の細動、鍵盤の繊細な爪繰（つまぐ）りから立ちのぼる和絃の香り、そうして左右の腕の交叉のもたらすリズミカルな揺動が、聴き手を快い陶酔に誘なう。ハープシコードにおいてこのページはスカルラッティ風の鋭いタッチや跳躍のアクロバシーの見せ場である。しかし現代のピアノにおいてそれは右ペダルを用いた弱奏の、淡彩の音画を映し出すスクリーンとなろう。

書式はピアニスティックな二声。左手が旋律（上声）とバスとの断片を交互に奏でる一方で、右手はその中間の音域にあって、第一音を欠いた三連音を不断に繰り返す。ややもすれば急速なテンポに傾きがちな書式だが、バッハは$\frac{4}{4}$拍子（$\frac{2}{2}$ではない！）の記譜によりそれを戒めている。

前部（第1-16小節）。開始はアウフタクトによらない。「T-S-D-T」のシンプルな和声型（第1-4小節）はいくつかの先行楽章によってすでに馴染みぶかいものだ。下方変位音（第2小節「a♭¹」、第3小節「g♭¹」）の陰影はこの作品に個性的な表情であり、以後しばしば同類の下方変位が生じることとなる。推移節（第4-8小節）のち第9小節でヘ調のドミナントが定まり、そのバスペダル上に緊張が長く保たれる。ヘ長調主和音への解決の直前（第15小節）までヘ短調の支配が続く。

後部（第17-48小節）。ヘ長調よりト短調へ、さらに変ホ長調を経て主調に戻る転調プランはクラントやメヌエットⅠの後部と共通である。ト短調終止（第27-28小節）に前後する部分（第24-32小節）で左手は旋律とバスとを一本のラインにつなぎ、鍵盤全音域（高～低～高）を独走する。この楽章の聴かせどころである。その後第32小節に変ロ長調のドミナントがいったん確定するも、結句を迎えるのは尚早と見てかバッハは減七分散和声のクロマティック下降によるエピソード（第34-40小節）を即興し、第41小節に到って改めてドミナントのバスペダルを据える。最終八小節は前部のそれ

に准ずる。最終小節で短調の呪縛を解かれた主和音がアルペジオの閃光を放って組曲の掉尾を飾る様は、さながら快哉に似て映々（はえばえ）しい。

第二パルティータ ハ短調 BWV 826

クラヴィーア組曲の革新の第一歩というべき野心作である。それはオペラの開幕を想わせるドラマティックな「シンフォニア」に始まり、「ロンド」と「カプリッチオ」という二つのギャラントリに終る。これまで組曲の終章として不動の存在であったジグは起用されず、古典舞曲三曲（アルマンド、クラント、サラバンド）が組曲の中核となる。この敢為（かんい）の選曲・配列は、バッハがこのパルティータの創作に新たな器楽組曲のコンセプションをもって臨んだことを物語っている。

シンフォニア $\frac{4}{4}$拍子 Grave adagio - Andante ～ $\frac{3}{4}$拍子(Allegro)

前奏曲にテンポの異なる二つのセクションを設ける方式には「第六イギリス組曲」という優れた成功例があり、バッハがこののち「第四パルティータ」《フランス風序曲》の各序曲、ひいては「平均律曲集 第Ⅱ巻」の嬰ハ長調プレリュードや《ゴルトベルク変奏曲》の第十六変奏にその方式を展開していくことを私たちは知っている。が、当「第二パルティータ」のシンフォニアのように三つのセクションを擁するクラヴィーア前奏曲のプランは類を見ない。そこには劇場音楽または宗教音楽の序曲の様式であるところのいわゆる「序破急」の理念を鍵盤に輸入しようとするバッハの意欲がうかがわれる。

第一部（$\frac{4}{4}$拍子、Grave adagio）（第1-7小節）。Grave adagio という、バッハとしては異例のテンポ指定、合奏曲を模した分厚い和音、付点リズムの悲壮かつ昂然たる語気（ベートーヴェンが「悲愴ソナタ」第一楽章を書いた際、彼の念頭にこのシンフォニアがなかったと断言できようか？——）。険しくそそり立つその楽想はギリシャ悲劇の幕開けをさえも髣髴（ほうふつ）させる。

グラーヴェ主題（第一主題）は付点リズムを骨格とし、頭部に順次上行「e♭²-f²-g²-a♭²」のアウトライン（a）を示す。冒頭四小節においてこの第一主題は上二声の並行三度に提示され、左手はトニック「c」を底とした四分音符和音の柱を要所に力強く打ち込んで主題を支える。第4小節以降五声（右手二声、左手三声）の書式が定まり、ソプラノと下四声との対話的なシークエンスのうちにバスが順次下行してドミナント「G」に着地する（第5小節）。そのペダル上に第一主題のモチーフが諸声に示され、アンサンブルは半終止へ向かう。全七小節という奇数小節仕立がこのセクションの即興的気風に似つかわしい。

以下第二、第三部はいずれもシンプルな二声書式による。

第二部（$\frac{4}{4}$拍子、Andante）（第8-30小節）は独奏管楽器（フルートまたはオーボエ・ダモーレ）のソロとバスによるアリア様式のデュオを想わせる。しかしこのデュオは完結を見ない。ハ短調に始まりト短調に終る十三小節はデュオのいわば前部であり、ドミナント調に始まる後部をバッハは第三部（アレグロ）とした。その意味で第二～第三部は一組としてとらえるべきものであろう。第二部において三十二分音符をふんだんに用いた流麗な旋律線は随所に精妙なシ

ンコペーションをゆらめかせ、フレーズを長く紡ぐ。左手（バス）はほとんどの場面で八分音符の規則的歩調を崩さない。第一楽段（第8－16小節）はハ短調に終止。第二楽段（第16－19小節）はハ短調～変ホ長調よりへ短調へ。第三楽段（第19－23小節）は変ホ長調を閲してト短調へ。第四楽段（第23－30小節）では印象的なナポリ六度和声のエピソード（第26小節）においてバスに音階句の奇想がひらめく。減七和音のフェルマータ（第28小節）に極まる感慨。バス八分音符の歩みが止み、右手がレチタティーヴォを即興する（第28小節）。それを受けた三～四声のアンサンブルが満を持してト短調終止に臨む（第28－29小節）。

第三部（$\frac{3}{4}$拍子）（第30－91小節）。第一、第二部にテンポを指示したバッハが、第三部においてそれを怠った理由は不明だが、このセクションが Allegro に奏されるべきことはいうまでもない。書式は二声インヴェンション風。主題冒頭の六度の順次上行音列は第二部の旋律頭部の音列「$g^1-c^2-d^2-e^{♭2}$」との関連を匂わせる。第一呈示部（第30－36小節）。上声～下声の主題導入（主調～下属調）は正規のフーガ書式におけるアントレ（主調～属調）とは異なるものである（この下属調志向は当第三部の調性プランを支配するところとなろう）。第一嬉遊部（第36－39小節）では上声にシンコペーションをおびた走句が、下声に規則的な八分音符が配される。上声第40小節の音列をモチーフaとしよう。第二呈示部（第39－42小節）では下声に主題（ハ短調）が入る。第二嬉遊部（第42－46小節）。第一嬉遊部で上声の奏した走句が下声に反転呈示される。第三呈示部（第46－49小節）。上声に主題（ト短調）。第三嬉遊部（第49－64小節）は長大である。主題頭部の音列によるシークエンス（第49－53小節）に続いて、モチーフaによるシークエンスがハ短調より変ロ短調まで、変種転調（ベモリザシオン）を進める。第四呈示部（第64－67小節）。上声に主題（へ短調）。第四嬉遊部（第67－71小節）は第二嬉遊部に准ずる。第五呈示部（第71－74小節）。下声に主題（ハ短調）。第五嬉遊部（第74－78小節）。主題頭部とモチーフaとが交錯し、高められた緊張の中、主題の偽呈示（第78－80小節）が上声にひらめく。モチーフaによるシークエンス（第80－84小節）が最後の主題呈示を準備する。第六呈示部（第84－91小節）では下声（ハ短調～へ短調）～上声（ハ短調。頭部変奏）に主題が導入される。

アルマンド　$\frac{2}{2}$拍子

$\frac{2}{2}$拍子のアルマンドは珍しい。しかしその曲調は通常のアルマンドと何ら変るところなく、奏者に$\frac{4}{4}$拍子の律動を喚起するものである。明らかに快速なテンポの意図された「第一パルティータ」のアルマンドさえ$\frac{4}{4}$拍子に記譜されたことを振り返れば、当曲の$\frac{2}{2}$拍子指定が初版印刷時の誤りではなかったかという疑念は拭いきれない。ただし二声を主とした細かいエクリチュールが鈍重な歩調でなく、ある程度の軽快感をもって滑らかに奏でられるべきことは確かである。この速度感覚は同じハ短調の「二声インヴェンション BWV 773」のそれに近いものといえよう。

前部（第0－16小節）。三つの十六分音符がアウフタクトを成して主旋律を導く。これはこの楽章の多くのフレーズが一拍の四つの十六分音符の第二音を起点とする事実を意味している（当版テクストのフレージングを参照）。第一楽段（第0－6小節）。上声の奏でる主旋律は半小節後下声にオクターヴのカノンとして追奏される。バス

の跳躍的八分音符進行（ことに第5小節の下行七度音程）が個性的である。第二楽段（第6－16小節）では三十二分音符の滑走音を含む新たな楽想が現われる。変ホ長調～変ロ長調～ト短調。第9－10小節上声の間歇的なフレーズには主旋律冒頭の三つの十六分音符の反転（下行）の創意が示される。連続的な下声十六分音符楽句（第9小節～）に上声主旋律が折り重なる（第10－12小節）。ト短調終止に先立つエピソード（第12－15小節）は弦楽器のデュオの風情を表わす。

後部（第16－32小節）は終始二声書式により進行する。第一楽段（第16－22小節）。主旋律の追奏（上声～下声）は下属調転調（ト調～ハ短調～へ短調～変ロ短調）を進めたのちへ短調に治まる。第二楽段（第22－26小節）では上声に主旋律の自由な展開が行なわれ、下声は規則的な八分音符を刻んでそれに伴う。へ短調～ハ短調。第三楽段（第26－32小節）は前部第10－16小節部分に対応する。上声「$f^{♯2}$」音（きよき）の哀切なトリル（第31小節）は献欷をも想わせる。

クラント　$\frac{3}{2}$拍子

繊細かつ霊妙なフランス風クラント。主旋律に織りこまれる十六分音符の滑走音が随所に美しい花模様（はか）をなし、儚げな歌声にポエティックの英華を添える様は、ヴェルサイユ王朝のクラヴシニストらの演奏ぶりもかくやと思わせる。しばしば四声を擁する書式は奏者に通常よりも緩やかなテンポを求めるものである。

前部（第0－12小節）。主旋律（a）の上行音列「$g^1-a^{♮1}-b^{♮1}-c^2-d^2-e^{♭2}$」にシンフォニアのアンダンテ主題の俤（おもかげ）が偲ばれる。それはまずソプラノに歌われたのちテノールによるカノン風追奏（一小節時差）を受ける。副次的旋律素材として、第一拍に十六分音符のグルペットを持つフレーズ（第3小節ソプラノ初出）が注意される。第一楽段（第0－6小節）はハ短調域を出ない。第二楽段（第6－12小節）では変奏された主旋律がソプラノに示される。変ホ長調、変ロ長調を経てト短調へ。

後部（第12－24小節）。第一楽段（第12－19小節）。主旋律反転形（a´）がソプラノ～バスに追奏される。ハ短調終止（第15－16小節）より主旋律原形（a）がバスに発する。そののち外声の音域が拡がり、へ短調終止（～第19小節）に感慨が込められる。第二楽段（第19－24小節）。バスがa´の偽呈示（第19小節。半拍の遅延）を示唆したのち直ちにaの呈示（ハ短調。第20－21小節）に移る。以下ハ短調終止に到る流れは前部の末尾五小節に准ずる。

サラバンド　$\frac{3}{4}$拍子

構造はこの舞曲に典型的な三楽段各八小節（8 | 8 + 8）だが、書式はこの舞曲の常と似ず、シンプルな二声が採られる。興味ぶかいことにバッハはその冒頭三小節においてのみ、右手にフィンガーペダル記譜（四分音符表記）を行ない、サラバンド本来の重厚な和声的風格を暗示している。さながらこの四分音符のラインが「原曲」（踊り）であり、十六分音符主体の旋律はその「装飾版」（アグレマン）（歌）であると云わんばかりに。第4小節以降も同様の記譜を続けることは可能であったが、バッハはそれをせず、踊りから歌への引き継ぎを果たし、後者に主役の面目を与えた。

前部（第1－8小節）。主旋律（上声）はシンフォニアのアンダンテ主題音列「$g^1-c^2-d^2-e^{♭2}$」を踏まえ、しなやかに波打つライン

に古雅な哀歌を歌う。第3小節第一拍のドリアンの変位「a♮¹」はことに魅力的な響きだ。上声の歌唱的表現は下声にも及ぶ。第5、6小節の下声が第1、2小節の反転の趣旨による点に注意。前部は変ホ長調に終止する。

後部（第9-24小節）。第一楽段（第9-16（17）小節）。主旋律は変奏された形（音域を拡張、一部音列を反転）で下声に現われる。上声の対旋律も音型の変化（シンコペーションを含む）に富んだものとなる。変ホ長調より変ロ長調へ、さらにへ短調へ。第二楽段（第17-24小節）で上声はブリゼの起伏を深め、八分音符の歩調を得た下声は音域を低めて主調回帰へ向けた流れを作る。第21小節に新たに生じる旋律的楽想が両声に反響し、悲痛な変位音の数々に表情が歪む。ハ短調終止——それは癒しえぬ悲しみの淵で吐く深い溜息のようだ。

ロンド　$\frac{3}{8}$拍子

Rondeau（Rondo）は強いて邦訳すれば「回旋曲」、すなわち主旋律をたびたび回帰させる楽式の名称だが、原語発音をカタカナ表記した場合「輪舞曲」を意味するRondeと混同されるおそれがある。Rondeはあくまで舞踏曲であり、Rondeauは必ずしもその限りではない。

ただし当パルティータの「ロンド Rondeaux」は回旋曲の楽式を示しつつも、輪舞曲の性格をおびる点が面白い（バッハが多少の洒落気を持つ男であったら「回旋曲形式の輪舞曲 Ronde en rondeau」などと畳韻を弄したかも知れぬ——）。$\frac{3}{8}$拍子の楽想は明らかに舞曲的であり、そこにはメヌエット、パスピエ、スケルツォ、ジグとの類似が確かに見出される。バッハの組曲に類例を求めれば、「第五イギリス組曲 BWV 810」の「パスピエ Passepied en rondeau」が思い当たる。

ルフラン（A）とクプレ（B、C、D）とのアルテルナンスは「A-B-A-C-A′-D-A″」（A′、A″はルフランの変奏呈示）。これら七つのセクションはみな十六小節の寸法に整然と仕立てられる。書式は二声（Dの一部のみ三声）。

ルフラン（A）（第1-17小節）。八分音符の刻みを基調とした主題が上声～下声に一小節時差で導入される。が、模倣追奏（イミタシオン）は冒頭三小節のみで、そののち下声は上声の七度下行句を二度上行句に反転した形となる。フレーズに細かく打たれる八分休符の穴が楽想に諧謔の風味を与える。転調は行なわれず、ハ短調に終止する。

第一クプレ（B）（第17-34小節）。上声が曲折に富んだ楽想を紡ぎ、下声は規則的な八分音符の伴奏に徹する。変ホ長調～へ短調間の往来ののち主調が戻される。

第二クプレ（C）（第49-64小節）。第一楽段（第49-55小節）では下声にヘミオラ分節のフレーズを配当され、上声はそれに対して間歇的な応答を投じる。第二楽段（第55-64小節）は変ホ長調に始まる。上声に連続的な十六分音符走句が生じ、下声は八分音符の伴奏に回るが、その随所にシンコペーションのリズムがもたらされる。

ルフラン（A′）（第64-81小節）。前半八小節で上声にシンコペーションが導入される。後半八小節は原形の通り。

第三クプレ（D）（第81-97小節）。第一楽段（第81-89小節）は三声による新楽想に始まり、ト短調へ転調したのち書式を二声に戻す。第二楽段（第89-97小節）はルフラン後半部の変奏（ト短調）。

ルフラン（A″）（第97-112小節）。順次下行音列に変奏されたフレーズが漸次下行する。低音域でのハ短調終止は「ぼやき」にも似てユーモラスだ。

カプリッチオ　$\frac{2}{4}$拍子

注意ぶかい読譜者であれば、バッハが前楽章の曲名「ロンド」を単数Rondeauでなく複数Rondeauxに表記した事実に不思議をもよおしたことだろう。それは単純に彼の綴りの誤りであったかも知れない。しかしやや想像を逞しくすれば次の二通りの推察を立てることもできる。❶バッハは当初第二のロンドを書くつもりで曲名を複数表記したもののその企画は頓挫し、複数形を単数形に改めることを忘れたまま上梓に及んだ。❷その第二ロンドは実は完成していた。が。バッハはその名を「（第二）ロンド」から「カプリッチオ」へ改め、「（第一）ロンド」における原題の修正（複数→単数）を忘れた。——これらはもちろん資料的根拠のない、私の空想にすぎない。が、第❷察はこの「カプリッチオ」がロンド風ソナタ形式を成す事実、また前楽章の「回旋曲 Rondeau」という楽式定義のこの「カプリッチオ」にも適用可能である事実への注意を促すところとなるだろう。かつて「第二イギリス組曲 BWV 807」の終楽章「ジグ」を回旋曲風スタイルに仕立てた経験を持つバッハは、組曲の終楽章としてのロンド形式の適性をいちはやく意識していたものと私は考える。彼は半世紀後のソナタや交響曲のロンド＝フィナーレを予見していたもののようだ。

大がかりな二部反復構造（前部・後部ともに四十八小節）。後部を主題の反転形に始める手法はジグの通例に似る。通常のロンドやソナタの場合のような複数の主題の対比は行なわれないが、主題と嬉遊楽想との頻繁なアルテルナンスは回旋曲を、また主題への転調・反転・変奏等の操作はソナタを想わせる。書式は三声（トリオ様式）。中声はテノールからアルトまでの広い音域をカヴァーする。

前部（第1-48小節）。主題呈示部（第1-11小節）。主題は第一拍頭の八分休符を弾みに四度上行句（a）により開始し、下行音階句（b）からアクロバティックな十度音程の跳躍句（c）へと発展する。導入はソプラノ～アルト～バスの順。冒頭から全三声のそろう点で正規のフーガ書式とは一線を画している。対主題は一定でない。またアルト～バスがともに答唱（＝ドミナント調での主題導入）となる点もささやかな破調である。ソプラノ主唱は四小節であるのに対し、アルト～バスの答唱は三小節。緊張を高めて第一嬉遊部（第11-19小節）に入る。そこではバスの爪びくc句の上に十六分音符の波動（ソプラノ＋アルト）が漂う。第二呈示部（第19-22小節）。主題（ハ短調）はバスに導入。第二嬉遊部（第22-28小節）で右手は単声となり、バス：ソプラノの二声対位のシークエンスがト短調へと向かう。第三呈示部（第28-31小節）で三声書式が復活。主題（ト短調）はソプラノに導入。第三嬉遊部（第31-35小節）は第二嬉遊部に准じる。第四呈示部（第35-40小節）。アルト（変ホ長調）～ソプラノ（ハ短調）に主題。第四嬉遊部（第40-48小節）ではアルトがaおよびb反転による主題偽呈示を投じ、ソプラノは音階句bを上行下行に操る。バスの主題（第45小節～）がハ短調半終止に到ってアンサンブルはひと息つく。

後部（第49-96小節）。第一呈示部（第49-55小節）は主題反転形による。ソプラノ（ハ短調）～アルト（へ短調）。第一嬉遊部（第

55-60小節）。上二声に十六分音符音階句 b（上行／下行）が配される。ヘ短調よりハ短調へ。第二呈示部（第60-64小節）。バスに反転主題（ハ短調）。第二嬉遊部（第64-70小節）ではバス十六分音符楽句が低音域を駆け抜ける（ハ短調～ト短調）。これ以降バスの運動量が大きくなる。第三呈示部（第70-81小節）。アルトに反転主題（ト短調）。そののちソプラノに反転主題偽呈示（第73-76小節）。さらにアルト（ハ短調）～ソプラノ（ヘ短調）に反転主題のストレット導入（二小節時差。したがって c 句欠落）がなされる。第三嬉遊部（第81-87小節）は前部第一嬉遊部に准ずる。第四呈示部（第87-96小節）で主題原形が戻り、バス～ソプラノ～アルトのストレット導入（二小節時差。c 句欠落）がなされる。ハ短調終止めがけて快走するバス十六分音符楽句にはスポーティーなスリルがある。

第三パルティータ イ短調 BWV 827

第二パルティータの嬉遊曲（ディヴェルティメント）的趣向は第三パルティータでさらに前進する。七楽章の配列はファンタジア、アルマンド、コレンテ、サラバンド、ブルレスカ、スケルツォ、ジグ。前奏曲としてのファンタジア、またギャラントリとしてのブルレスカとスケルツォはバッハの組曲における新顔であり、新たな楽式に対する彼の旺盛な興味をうかがわせる。

ファンタジアは序曲的威容を張らず、サラバンドは軽快な律動に傾く。よってスケルツォを除く六楽章の規模に大きなばらつきは生じず、多様な選曲にもかかわらず全体のバランスは整った好印象を与える。またバッハは初期稿には存在しなかった小曲スケルツォをジグの前に挿入し、「コレンテ～サラバンド～ブルレスカ」と続いた $\frac{3}{4}$ 拍子の流れを断ち切ってコンセールの空気を一新している。

順次上行音列「a¹-b¹-c²」が様々な形ですべての楽章に織り込まれることは注意に値する。またアルマンドとコレンテは各冒頭部音列に明らかな近似を表し、サラバンドとブルレスカは下行四度「a¹-e¹」を、スケルツォとジグは分散主和音「e²-c²-a¹ / a-c¹-e¹」を、それぞれ共通のモチーフとする。

曲名の言語は伊語四曲（ファンタジア、コレンテ、ブルレスカ、スケルツォ）、仏語三曲（アルマンド、サラバンド、ジグ）。これはイタリアニズムへの作者の傾倒を示すところのようだ。

ファンタジア $\frac{3}{8}$ 拍子

ファンタジア（幻想曲）とは規定の楽式によらぬ即興的な器楽曲の名称である。この定義に最も適った実例として「半音階的幻想曲とフーガ BWV 903」「幻想曲とフーガ イ短調 BWV 904」のような力作が想い浮かぶが、バッハのファンタジアがつねにこうしたドラマティックな構えをなしていたわけではない。「BWV 918」は二声のデュオ・ソナタ様式を、「BWV 919」は二声インヴェンション書式を、「BWV 906」は整然たる二部分構造を示すファンタジアの例である。また「三声シンフォニア BWV 787-801」が当初「ファンタジア」と名づけられた事実も、この曲名の定義域の広さを物語るところだ。バッハのファンタジアに共通することは、それらが「プレリュード」とほぼ同義に解釈されうる点である。ゆえにこの「第三パルティータ」の前奏曲のタイトルが「プレリュード」（初期

稿）から「ファンタジア」（初版）へと改められた来歴も不思議なことではない。

書式は二声（同じ $\frac{3}{8}$ 拍子の類例に「平均律曲集 第II巻」のホ短調プレリュードが挙げられる）。その硬質で明瞭な筆致には当時のイタリア器楽の風潮が反映されている。

第一部（第1-31小節）。二声間に十六分音符の旋律と八分音符主体の対旋律とが交わされる。旋律の音型には次の五つのパターン（a～e）が確認される——a（第1-3小節上声初出）、b（第5-7小節上声初出）、c（第9-12小節上声初出）、d（第21-25小節上声初出）、e（第25-31小節上声初出）。a、bはそれぞれ上声～下声（各二小節）に模倣追奏される。c は上声～下声（各三小節）の導入ののち二小節の結句（第15-17小節）に入る。続く a 変奏節（第17-21小節）以降、模倣追奏の導入方式は崩れる。すなわち d（第21小節～）、e（第25小節～）は上声にのみ担当されて下声は八分音符対旋律（伴奏）に回る。a～dまでは全てイ短調、eにおいてホ短調への転調がなされる。

第二部（第31-66小節）はホ短調による第一部再現。ただし次のような変化あり：a～c に関してはその導入が下声～上声に逆転、d は下声に導入、e は七小節に拡張され、その後に結句（第62-66小節）が補足されてホ短調終止に到る。

第三部（第66-97小節）。第一楽段（第66-79小節）では自由な間奏（第66-75小節。ホ短調～ニ短調～ハ長調）ののち、a による推移節（第75-79小節）がイ短調を戻す。第二楽段（第79-97小節）では d、e が上声に継起し、第二部結句に対応する結句（第93-97小節）によりイ短調終止が結ばれる。

第四部（第97-120小節）はおもに a（頭部六音）に焦点を絞った展開部である。まずは上声～下声に a が導入され、次いで両声に対話的な追奏が起る（第104-108小節）。その後 a が上声三小節～下声二小節～上＋下声二小節と連なり、変化音の賑わいを高めて終止を迎える。

アルマンド $\frac{4}{4}$ 拍子

アルマンド過去作のほとんどはそのシラブルを十六分音符とするものであった。が、当アルマンドを機にバッハはその規約を改める姿勢に出たようだ。ここに十六分音符の楽句はほぼ出現せず、楽想の大部分は三十二分音符（十六分音符とつなぎあわされた三十二分音符、付点十六分音符の先導による三十二分音符）の音型を表わす。結果として従来の折線書式（スティル・ブリゼ）とは一線を画する滑らかさ、軽やかさが生れ、二声から四声まで、鍵盤楽器ならではの柔軟な声部の捌きと相まってこの上なく緻密かつ優美なアラベスクが編まれるのである。この三十二分音符を交える律動はおのずから緩やかなテンポを求めるものだが、それが鈍重な歩調と結びつくものでないことはいうまでもない。

前部（第0-8小節）。「第二パルティータ」のアルマンドは三つの十六分音符をアウフタクトとしたが、ここでは一拍（第四拍）がまるごとアウフタクトとなる点がユニークである。第一楽段（第0-4小節）。冒頭は二声（ソプラノ＋バス）、第2小節でアルト声部が、第3小節でテノール声部が加わり、四声アンサンブルの完成となる。繊細な哀感を湛えた主楽想（ソプラノ第0-2小節）は長く連続的なフレーズの中にこの楽曲の主要モチーフ——滑走音列（第0小節）、

ダクティル格（♪♫）の楽句（第1小節）、付点リズム句（第2小節）──を次々と示してハ長調の句点へ。その後シークエンスによる楽句上行の末にイ短調が戻る。第二楽段（第4-8小節）は付点リズム句に基づく展開部。ト長調を経てホ短調へ。

後部（第8-16小節）。第一楽段（第8-12小節）。主旋律の自由な変形（上声）がイ短調〜ニ短調のシークエンスを成し、バスは滑走音、付点リズムのモチーフにより律動を引き締める。第二楽段（第12-16小節）。ハ長調を経てイ短調へ。ドミナントのバスペダル確定（第14小節）以降四声が調い、ソプラノの力強い上昇がアンサンブルの緊張を高めて結句に到る。

コレンテ　3/4拍子

二声書式のイタリア風コレンテ。三つの十六分音符をアウフタクトとして始まる上声の主旋律は舞踏的な付点リズム（a）を律動の基盤としつつ、十六分音符の走句（b）を広い音域に行きわたらせる。この走句には音階的、分散和音的、回音的な音型が自在に用いられ、概してレガートなその質感は、起伏に富んだ鋭い付点リズム句aとのコントラストをなしている。二声の関係には一見、主・従の区別がないもののようだが、上声が初期稿と最終稿とでほぼ同じ内容であるのに対し、下声は両稿間にかなりの相違がある事実から、バッハが上声を不変的楽想、下声を可変的楽想と見なしたことは確かである。

前部（第0-20小節）に終止による楽段の区分は設けられない。第一楽節（第0-5小節）。上声主旋律は一小節遅れてその変形による追奏（下声）を受ける。第二楽節（第5-9小節）は一小節単位のシークエンス（下声a、上声b）。第三楽節（第9-13小節）はハ長調〜イ短調。二小節単位のシークエンス。第四楽節（第13-20小節）の大半はドミナントのバスペダル上にあり、属調への転調は行なわれず主調半終止をもって前部は閉じられる。

後部（第20-56小節）は前部の1.8倍の長さに及ぶ。従来の古典舞曲にはありえぬこのバランスは、バッハにおける舞曲発展の一つの徴といえよう。第一楽段（第20-42小節）はその第三楽節（〜第38小節）まで前部の内容に准じつつ、ハ長調の終止に到る。第二楽段（第42-56小節）でモチーフa、bは新たな展開の可能性を得る。第一楽節（第42-46小節）はハ長調〜ニ短調〜ホ短調の推移経過節。第二楽節（第46-50小節）でイ短調が戻り、第三楽節（第50-56小節）ではドミナントのバスが付点リズム（b）によるオクターヴ跳躍を愉しむ。変化音に富んだ上声分散和音的走句が徐々に音域を低め、結句に及んで下声との協和を果たす。

サラバンド　3/4拍子

アウフタクトに始まる初めてのサラバンド。のちに第五、第六パルティータでバッハはこの新たな韻律のサラバンドにさらに細やかな彫鏤を加えることになるが、ここではあくまでシンプルな和声的筆致を旨とし、本来荘重たるべきこの舞曲に軽快かつコミカルな三重奏の趣向を採り入れている。書式は三声。中声は（第22-24小節を除く）ほとんどの場面でアルトの音域にあってソプラノと親しく寄り添い、「左手一声：右手二声」の配分を確乎たるものとする。バスの運動量は多く、その活動音域も広い（二オクターヴと五度）。

前部（第0-12小節）は単一楽段（三楽節）。第一楽節（第0-5小

節）。主旋律（ソプラノ）頭部の刺繍音音型「a¹-g♯¹-a¹（-e¹）」をa、グルペット音型「f¹-e¹-d¹-e¹」をb、ドミナントの連打「e¹-e¹-e¹」をcとする。アルトはソプラノの三度または六度下方に慎しい声を発して和声を充実させる。バスは一小節遅れて主旋律を模倣するがそれは完遂されず、やがて八分音符歩調の伴奏として上二声を支えることになる。第二楽段（第5-12小節）。上二声がbにより応答しあう一方で、バスはcをオクターヴの上下往復音列（c´）に変形してユーモラスな足踏みを続ける。ハ長調に転調。

後部（第12-28小節）。第一楽段（第12-20小節）で主旋律はバスに委ねられ、上二声はb（およびそれに随行する八分音符）による対旋律を添える。ハ長調よりニ短調へ。さらにヘ長調を経てニ短調終止へ。第二楽段（第20-28小節）。バスがb（三連十六分音符）による長い走句を奏で、上二声はc、aによりそれに優しく対位する。イ短調半終止（第24小節）ののちバスの爪びくd句の上に主旋律の自由な再現がなされる。

ブルレスカ　3/4拍子

これは初期稿において「メヌエット」とされたものだが、バッハはその曲名を「ブルレスカ」に改めた。イタリア語形容詞 burlesco（滑稽な、巫山戯た）に由来する「ブルレスカ」は、文学や演劇のジャンルにおけるいわゆる「滑稽物」（パロディ、風刺）に用いられた呼称である。音楽でそのコンセプションは「スケルツォ」「ユモレスク」「カプリッチオ」等の楽曲名で表わされることが多く、「ブルレスカ」の実例はリヒャルト・シュトラウスのピアノ協奏曲「ブルレスケ」（1886-1890）やベーラ・バルトークのピアノ独奏曲「三つのブルレスク op. 8c」（1908-1911）を数える程度である。ことにバロック〜古典期のピアノのレパートリーにこのタイトルの秀作を見出すことは難しい。

バッハがわざわざ、この馴染みのない曲名を持ち出した理由は何か？　翻（ひるがえ）って、彼が「メヌエット」という一般的な曲名に満足しなかった理由は何か？──それは彼がメヌエットをあくまでおっとりした雅（みやび）な舞曲として認識していたためであろう。要するにバッハのメヌエットはきびきびしたテンポやエッジの効いたリズムを求めるものではないのだ。しかしこのブルレスカは、第25小節以降の曲趣からもわかるようにある程度の快速さをもって奏でられなければならない。また特定のモチーフの執拗な反復、ダクティル格のおどけた身ぶり、アクセントの薬味を効かせた装飾音等々の世俗的な匂いが、典雅な宮廷舞曲メヌエットとひと味違うものであることは明らかである。

前部（第1-16小節）。第一楽段（第1-9小節）の前楽節（第1-5小節）は二声書式。素朴な主旋律が上下の声部に自由な追奏（上声先導）を繰り広げる。後楽節（第5-9小節）では第一拍にグルペットをひらめかせるソプラノに対し、高音部譜表域に進出したバスが軽やかな受け答えをする。このソプラノのグルペットは主旋律第1小節の第二拍音型に由来。第二楽段（第9-16小節）で三声書式の機能が明確となり、アンサンブルが活気づく。バス第10、12小節において順次下行する二つの八分音符は、主旋律冒頭の二つの八分音符（順次上行）の反転と観てよい。ヘ長調〜ト長調〜イ短調と近親調を掠めてホ調の終止へ。

後部（第17-40小節）。第一楽段（第17-24小節）は前部第一楽

段に准ずる。イ短調〜ニ短調。第二楽段（第25－40小節）も前部第二楽段に准ずるが、その中央部分には新たな二声エピソード（第29－36小節）が設けられる。理論上この八小節をスキップし、第28小節に第37小節を直接したとしても問題はないが、バッハはこの長いパッセージの疾走を右手に堪能させ、イ短調終止の到来をあえて遅らせた。この「焦らし」の手法もまた、burlescoと呼ぶにふさわしいものだ。

スケルツォ $\frac{2}{4}$ 拍子

　この奇妙なインテルメッツォを設置する着想を、バッハはいかにして得たものか？ メヌエット（ブルレスカ）とジグとを隣接させた初期稿は、なぜ彼の意に沿わなかったのであろう？

　本項の最初に述べた、$\frac{3}{4}$ 拍子の楽曲連鎖（コレンテ〜サラバンド〜ブルレスカ）の断絶という目的も一つの推理である。序章ファンタジア（$\frac{3}{8}$）も三拍子であり、かつまた終章ジグ（$\frac{12}{8}$）も複合三拍子となれば、このパルティータの三拍子偏重（アルマンドのみが二（四）拍子）はあまりに露骨なものとなる。

　しかしそれ以上に、バッハはこのパルティータの奇想的性格を強調したかったのではないかと私は考える。アルマンド、コレンテ、サラバンドと続いた生真面目な組曲の相好がブルレスカによって工まずして綻んだ。バッハは彼自身にも意外であったに違いないこの展開に、もうひと押しを加えるべくこのスケルツォを書き加えた。文字通りの「諧謔曲」を。――

　$\frac{2}{4}$ 拍子、全三十二小節。スケルツォを $\frac{3}{4}$ 拍子とする了解は動かしがたいもののようだが、この拍子の選定は必ずしも絶対的な規約ではない（スケルツォの大家ベートーヴェンは「変ホ長調ピアノソナタ op. 31 no. 3」の第二楽章に $\frac{2}{4}$ 拍子のスケルツォを書いている）。したがってバッハがこの $\frac{2}{4}$ 拍子の即興的なインテルメッツォをスケルツォと呼んだとて、訝るには及ばない。それが楽式を表わすタイトルでなく、曲趣を表わすタイトルであることも自明である。このスケルツォと似た楽曲として想い浮かぶものは「管弦楽組曲 ロ短調 BWV 1067」の終章「バディヌリ」である。これらはともに短い断章であり、楽想は無愛想に陳列され、呈示〜展開の系をなさない。明らかにバッハは、前楽章「ブルレスカ」の諧謔的趣旨を引き受けてそれを誇張してみせたのである。ゆえにこの楽章のテンポはブルレスカと同じかやや速い程度が適切だろう。

　書式は二声。要所要所に和音による拍の強調（左手）が行なわれる。

　前部（第0－12小節）は単一楽段（二楽節）。第一楽節（a）（第0－4小節）はイ短調。左手がぶっきらぼうに掻き鳴らす八分音符和音の上に、右手が几帳面な十六分音符のフレーズを旋回させる。第二楽節（b）（第4－12小節）はハ長調に転ずる。

　後部（第12－32小節）は三楽段。第一楽段（第12－20小節）は二つの楽節（a、b）を擁する。前楽節（a）はその後部でニ短調に転じ、後楽節（b）は十六分音符句を短縮してニ短調終止に到る。第二楽段（第20－28小節）はa、bそれぞれの変奏部。aにおける左手（第20－24小節）はレガートな対旋律となる。ニ短調よりハ長調を経てイ短調へ。第三楽段（第28－32小節）は前部の再現を想わせるが、フレーズはたちまちイ短調終止に呑み込まれる。

ジグ $\frac{12}{8}$ 拍子

　ここまでイタリア風書式を旨としてきたバッハだが、このフィナーレをシンプルな二声の「ジガ」とはせず、三声フーガ様式のフランス風「ジグ」とした。ポリフォニー書式への彼の欲求は抑えがたいものであったようだ。ここでは中声（アルト）の活動音域の非常に広い点（二オクターヴと六度）が注目される。

　前部（第0－24小節）。第一呈示部（第0－10小節）。主題は八分音符より成り、上行分散和音の音列に激しい口吻を表わす。導入はソプラノ〜アルト〜バスの降順。対主題（CS）（第3－5小節ソプラノ初出）は全曲を通じて一定の形に保たれる。嬉遊節（第10－13小節）では分散和音句が三声に応酬される。ホ短調へ。第二呈示部（第13－15小節）。バスに主題（頭部アウフタクトに変形）。嬉遊節（第15－19小節）はイ短調を戻す。第三呈示部（第19－22小節）。ソプラノの主題は鍵盤の最高音域を侵す。後奏節（第22－24小節）においては分散和音が大胆に躍動し、イ短調の半終止をもって句点が打たれる。

　後部（第24－50小節）には主題反転形の出現を見る。主題が反転形となるにもかかわらず対主題の音型が原形と大きく変わらない点が面白い。第一呈示部（第24－36小節）。反転主題は前部と逆すなわちバス（ホ長調〜イ短調）〜アルト（イ短調〜ニ短調）〜ソプラノ（イ短調）の昇順に導入される。バス〜アルト部分において下属調傾向が顕著である。その後のソプラノはイ短調。嬉遊節（第36－41小節）は主題原形の音列による。ここでは奇数小節の構造（3＋3）に注意。イ短調〜ホ短調〜ロ短調と、属調方向への反動が起こる。第二呈示部（第41－48小節）ではソプラノ（ロ短調）〜アルト（ホ短調）〜バス（イ短調）に主題反転形が導入される。コーダ（第48－50小節）ではバスが分散和音句を旋回させながら低音域へ沈む。この大詰めに及んでソプラノとアルトが思い立ったかのようにジグ本来のトロカイックのリズムに躍動する様（第49－50小節）は痛快のきわみだ。

第四パルティータ ニ長調 BWV 828

　パルティータの最高位に君臨する存在。シンフォニックともいうべきその壮麗な響きは、バッハがクラヴィーアを前にしつつもこのニ長調という調性に弦楽器や金管楽器の響鳴の特性を想い描いていたことをうかがわせる。

　ウヴェルチュル、アルマンド、クラント、アリア、サラバンド、メヌエット、ジグという選曲にはフランス趣味が観て取れる。緩・急の二部より成る長大なウヴェルチュルは後年の傑作「フランス風序曲 BWV 831」のそれと好箇の一対となるものだ。曲の大規模化は古典四舞曲（アルマンド、クラント、サラバンド、ジグ）にも表われている。それらは単にサイズを増したばかりでなく、進取の気魄と高邁な創意を湛えたものである。一方でギャラントリ二曲（アリア、メヌエット）の書法は明快かつシンプル。アリアをサラバンドの前に置く方式は常套に反するが、そこにはアルマンド〜クラント〜サラバンドという穏やかなテンポの楽曲連鎖に変化をつける意図があったもののようだ。

ウヴェルチュル $\frac{2}{2}$拍子〜$\frac{9}{8}$拍子

緩・急二部の造りはフランス風序曲様式の典型である。前者は付点リズムの威風と三十二分音符滑走音の殷賑をきわめ、後者はフーガ的技法の鋭気にみちる。

第一部（第1－18小節）。声数は四（〜三）声だが、内声は多くの場合和声補充の目的を担うもので、ポリフォニックの書法は重視されない。ただし主旋律（ソプラノ）に対峙するバスの運動性の高さは注意に値する。第一楽段（第1－13小節）はニ長調〜イ長調。フランス風序曲に特徴的な付点リズム句と、三十二分音符による上行下行の音階句が諸声部に配される。♩♪のリズムはやがて♪♬のリズムへの展開を見せる（第7小節〜）。第二楽段（第13－18小節）。ひとたびニ長調が戻され、そののちイ短調の変位をおびつつ再度、イ長調終止が仕切り直される。ここではバスがテノールの声域に侵出することから声数は三に減少する。

第二部（第18－112小節）はフーガ様式を採り入れたアレグロ。声数は三。事実上二つの主題が呈示されるが、第二主題は対位法的展開の対象とはならず、副次的なエピソードとして曲趣に変化を添えるにとどまる。

第一楽段（第18－33小節）は第一主題の呈示部（イ長調）。導入はアルト〜ソプラノ（バッハがソプラノ答唱を主唱（イ長調）の下属調としたのは、このウヴェルチュル本来の調性ニ長調からの遊離を避ける配慮と考えられる）〜バスの順。活気にみなぎるこの主題は分散三和音による八分音符音列（a）と十六分音符の順次音列句（b）とをつなぎ合わせたもので、全体になだらかに下行するアウトラインに支配される。上行下行の音階的走句（bによる）が二声に取り交わされて経過節（第22－25小節）を成す。この間バッハは柔軟にも（バスのアントレに先立って）第三声を偶成させ（第23－25小節）、和声の風味を高めている。バス主題導入ののちaの律動がオクターヴ往復に変形される（第27、28小節）。それに対位するアルト及びソプラノのグルペット風音列（第27、28小節）はbの変形（b'）。イ長調終止をもって段落が改まる。

第二楽段（第33－54小節）では第一主題の変形旋律がソプラノに配される。イ長調〜ニ長調。楽節の節目に配される長い上行音階（第36、40小節）はbに由来。この音階素材は今後大いに活躍の機を得るものとなろう。第41小節、ロ短調の転調とともに新たな楽想（ソプラノ）が現われる。第二主題である。それはシンコペーションをおびた八分音符の下行音列にメランコリーを漂わす旋律であり、それを支える下二声のトロカイックの律動（四分音符〜八分休（音）符）には舞曲（ジグ）の躍動が潜んでいる。ほどなく再現するa音型が十六分音符の分散和音に変容し（第45小節）、第48小節に再帰する第一主題との二声対位を果たす。この十六分音符楽句は最終的に音階的走句と化してホ短調終止になだれこむ。

第三楽段（第54－72小節）は第一主題（a、b）による自由な展開部。バスがaを分散和音音列にアレンジしつつ上昇し、アルトの音域に入ってbを反復する。その間ソプラノに主題（ニ長調）（第57小節〜）。第62小節、ロ短調のドミナント・ペダルがバスに置かれ、アンサンブルは四声の賑わいを見せる。主題はテノール（第62小節〜）〜ソプラノ（第63小節〜）にストレット導入。十六分音符による実音表記のトリルが対旋律の一部となる。同様の次第（テノール〜ソプラノのストレット。第66－69小節）がホ短調で再奏。その

後バスの主題（第69小節〜）がロ短調終止へ向かう。

第四楽段（第72－87小節）は嬉遊部。a、bおよびb由来の十六分音符楽句が諸声に軽やかにあしらわれる。ロ短調よりト長調へ。第76小節以降書式は二声。第79－82小節の下声は第二主題の記憶を喚び起こす。十六分音符楽句は第83小節より連続的なラインとなり、反進行の生み出す衝動的なクレッシェンドの果てに両声はそれぞれの音域の極限に触れる（第86－87小節）。

第五楽段（第87－104小節）。第二主題がクールな出立（いでたち）で再現する。フレーズは最初の呈示時（第41－44小節）よりも延長され、八度の、また十度の上方跳躍（第91－92小節）に抒情的なニュアンスを尽くす。第90小節、バスに主調のドミナントが定まる。第97－99小節は第四楽段第79－83小節と対応する。

第六楽段（第104－112小節）は第一楽段後部（第25－33小節）のニ長調再現。

アルマンド $\frac{4}{4}$拍子

記念碑的なアルマンドである。規模の大きさ（前部二十四小節、後部三十二小節という仕立は特別である）、表現の深さ、書式の新しさ——それはいかなる過去作の水準をも凌駕するものにほかならない。古雅でつつましい舞曲というアルマンドの通念をバッハはついに打破し、詩想ゆたかな舞踏表現の可能性を新時代のクラヴィーアに託した。

書式は三声を基本とする。従来のアルマンドが折線の音型を諸声部に模倣追奏的に配分するものであったのに対し、この作品の主旋律はつねに上声に長く横たわるものであり、下・中声は甘んじてその伴奏（コンティヌオ、または対旋律）の役割を負う。それはアリア様式のアルマンドという新たなコンセプションの現われのようだ。

前部（第0－24小節）。バッハはこのアルマンドのアウフタクトを（十六分音符でなく）八分音符とすることで、いたずらに快調に走らぬテンポを奏者に求めている。このテンポ感は、当初十六分音符を主体とする楽想がのちのち三連十六分音符や三十二分音符へと音価を縮めていく事実とも深く関係する。主旋律の連続性が強いため、終止（カダンス）による区切りは（第4小節第三拍を除いて）設けられない。が、本書では前部の中央第13小節のイ調半終止までを第一楽段、それ以降を第二楽段とする。第一楽段（第0－13小節）。第一楽節（第0－4小節）。中声域より穏やかに歌い始める主旋律（ソプラノ）は下方変位第七音「c♮2」に甘美なメランコリーを漂わせつつ、四小節のフレーズを主調裡に収める。表情に富んだ逆付点リズム（第2小節第一拍初出）はのちに多くの応用を生むところとなる。下二声は緩やかな拍動により旋律の背景を平穏な響きにみたす。第二楽節（第4－13小節）。ソプラノが本来の声域（ト音譜表の中央以上）に進出し、三連十六分音符がところどころにゆらめく。下二声に八分音符の動向が生じる。ロ短調〜イ長調。第二楽段（第13－24小節）。第一楽節（第13－18小節）はイ短調。ドミナントのバスペダルの上方に、ソプラノが様々な音型を繰り出して哀切な表情の限りを尽くす。第二楽節（第18－24小節）でソプラノはいったん音域を下げたのち、シンコペーションにつながれたフレーズを徐々に上昇させる。再度侵入するイ短調（第21－23小節）。終止におけるイ長調への身の躾（かわ）しがいとも優美である。

後部（第24－56小節）は第40小節のロ短調終止によって二楽段

（各十六小節）に区分される。第一楽段（第24-40小節）第一楽節（第24-28小節）は前部冒頭四小節に対応する。イ長調〜ニ長調。第二楽節（第28-32小節）は前部第一楽段第二楽節に対応。デコラティヴな主旋律がロ短調へ導かれる。第三楽節（第32-36小節）は前部第二楽段第一楽節に対応。ロ短調のドミナント「f♯」がバスに敷かれたのち針路はホ短調に転ず。第四楽節（第36-40小節）は二声書式による後奏節。奇妙なハ長調への脱線からロ短調終止へ。第二楽段（第40-56小節）。第一楽節（第40-44小節）ではリュート風のアルペジオ即興句が掻き鳴らされてつかの間、音調がリラックスする。が、ただちに三声書式が戻され、響きがホ短調に暗む。第二楽節（第44-50小節）。主旋律によるシークエンスのうちに主調が戻るが、それはニ短調の心痛をおびたものである。第三楽節（第50-56小節）は前部第二楽段第二楽節に対応する。

クラント　$\frac{3}{2}$拍子

かねがね細身の旋律線と華奢な響きにフランス趣味を誇ったクラントだが、当作ではヘンデルの作風にも似た豊かな和声的交響が実現される。その要因は分散和音型音型の多用と、中低音域の充実（三声書式の中声はおおかたテノールの声域にある）にあろう。$\frac{3}{2}$拍子でありながら曲の大半は一小節を二分割するリトミック（$\frac{3}{4}+\frac{3}{4}$）を採る。

前部（第0-16小節）。主旋律はソプラノにあり、下二声は対旋律的役割に甘んじる。したがって対位法的なコンセプシオンは薄弱だが（冒頭部のみソプラノ〜バスに追奏が行なわれる）、和声的色彩とリズムの多様性がそれを補って余りある。楽段の区分は明瞭でなく、楽想は連続的に継起する。主旋律は旋回風のダクティル格モチーフ（a）により特徴づけられる。それに続いて順次上行する四つの四分音符（b）（ソプラノ第1小節「a−b−c♯−d」）は第6、8小節で付点四分音符を含むリズムに変形され、さらに第11-13小節ではaのリズムによる変奏に処される。第6小節、ロ短調への転調を機に左手に八分音符のパッセージが生じ、ソプラノのカンタービレの美観を高める。イ長調へ。下二声の控えめながらも味わいに富んだ対話（第10小節〜）は傾聴に値する。外声の反進行に興趣が高まり、三拍子分節（第14-15小節）の魅力を存分に示してアンサンブルはイ長調終止におさまる。

後部（第16-40小節）。第一楽段（第16-25小節）では頭部反転（a′）された主旋律が呈示されるが（ソプラノ〜バス）、第21-23小節ではa（原形）とb反転形（シンコペーション）とが組み合わされる。ホ短調へ。第二楽段（第25-32小節）は即興的な推移節。a（バス）とa′（アルト）との反進行のやりとりの上方、ソプラノがおおらかな旋律の翼を拡げる様には交響的な立体感がある。ト長調への誘惑を受けつつも主調が恢復。二声によるエピソード（第29-32小節）で八分音符のパッセージ（バス）が再現し、ソプラノは徐々にフレーズを短くしてトニックに落着する。第三楽段（第32-40小節）は前部第8-16小節に准ずる。

アリア　$\frac{2}{4}$拍子

快速な二拍子楽章への「エール Air」という命名は「フランス組曲 BWV 813 & 815」に見出される。当時「エール」は緩やかなテンポの声楽曲（または声楽的器楽曲）の他に、バレエ組曲における器楽間奏曲を指す曲名でもあった。ただし「第四パルティータ」の場合はタイトルがイタリア語「アリア Aria」である点、また書式が二声に限定されない点に、旧作との相違が認められる。

前部（第0-16小節）は単一楽段。主旋律はシンコペーションに特徴を示すが、それは一般的な掛留音でなく、先取音（アンティシパシオン）による点が個性的である。この楽曲の不安定な、前のめりするような感覚はこの特殊技法に起因している。第一楽節（第0-8小節）は四小節楽句（a）の反復より成る。第二楽句にはドミナントのバスペダルが敷かれる。第二楽節（第8-16小節）はイ長調。規則的な八分音符（バス）と、十六分音符の音階的走句（b）（ソプラノ）の対位部。後者にはところどころa句のリズムが反映される。

後部（第16-52小節）。第一楽段（第16-32小節）は前部に准ずる変奏部。イ（ニ）長調に発しロ短調へ。ホ短調を経てロ短調終止へ。第二楽段（第32-45小節）はbによる。ニ長調〜ニ短調。第三楽段（第45-52小節）では頭部に主旋律（a）再現がほのめかされるが、ソプラノはたちまち十六分音符の走句となり、下声を引き連れて音域を高めたあげくニ長調の終止を高らかに宣言する。

サラバンド　$\frac{3}{4}$拍子

アルマンドに観られたアリア風書法がここでさらに推進される。サラバンドを性格づける抑揚は三つの楽段それぞれの頭部に明示されるが、それ以外の場面では上声の紡ぐ装飾的なラインを八分音符主体のバスが支える形で音楽は進行する。上声旋律線の随所にひらめく旋回型の音型が優雅のきわみだ。これはバッハの最も洗練されたサラバンドといえよう。

構造は二部だが、後部が前部の自由な再現を担うことから、三部分構造「A｜BA′」をある程度念頭に置いて演奏に臨む必要がある。

前部（A）（第1-12小節）は単一楽段二楽節。第一楽節（第1-9小節）。二小節の開始（ウヴェルチュル）はリュートの爪びきを想わせる。第3小節よりバスにコンティヌオの歩みが生じる。ソプラノは当初十六分音符楽句をモデストに奏でるが、ほどなく三十二分音符と切分音を織り交ぜた迂曲のシルエットを得、広い音域に長いフレーズを揺蕩（たゆた）わせる。第5小節という早い時点でイ長調転調が定まる。バスの第5-7小節第一拍に起こるダクティリックのリズムは偶発的なもので、爾後の文脈には受けつがれない。第二楽節（第9-12小節）で右手は特徴ある旋回句（ルラード）を弄んだのちイ長調終止に到る。

後部（BA′）（第13-38小節）は二楽段各二楽節。第一楽段（B）（第13-29小節）。第一楽節（第13-20小節）は前部第一楽節を基調とする。二小節のウヴェルチュルはロ短調への魅力的な転調を見せ、しばしその短調のメランコリーのうちに旋律が歌いつがれる。第二楽節（第20-29小節）は第一楽節の流れを受ける。ホ短調よりニ長調へ。第二楽段（A′）（第29-38小節）は前部（十二小節）を十小節に短縮した変奏再現部。最終四小節は前部のそれとほぼ一致する。

メヌエット　$\frac{3}{4}$拍子

家族のための音楽帖のページを開くような、優しく素朴なメヌエット。随所にあしらわれる三連音により、のどかな円舞の幸福感がいや増すようだ。書式は基本三声。典雅な室内楽的筆致はハイドンの交響曲やモーツァルトの嬉遊曲の出現を間近に感じさせる。

前部（第1-8小節）は単一楽段。主旋律はリズム構造の異なる二つのフレーズ（各二小節）より成る。第一楽句（a）はグルペットを含むもの、第二楽句（b）は三連八分音符に始まるもの。ドミナント調への転調は行なわれず、主調半終止に句点が打たれる。

後部（第9-28小節）は二楽段。第一楽段（第9-21小節）の開始ではb句を受けたソプラノに、上行八分音符音列のバスが応える。ロ短調への転調を機にソプラノの三連音は連続的となり、下二声は低音域に密集して緩やかな四分音符を刻む。第二楽段（第21-28小節）は前部の自由再現部。バスが俄然活気づき、チェロを想わせる雄弁な対旋律を叙する。

ジグ　9/16拍子

二重フーガ様式を採り入れた技巧的なジグである。後部において主題を反転させる従来の手法に代えて、バッハはそこに新たな主題を提起し、原主題との対位の可能性を押し広げた。果たしてこれは高い緊張感にみちたフィナーレとなったが、性急にすぎるテンポは自戒しなければならない。なぜならバッハの選んだ9/16拍子のリトミックは、断じて3/8拍子に翻訳されるべきものではないからだ。私たちは跳躍の律動を旨とするジグの本質をつねに心に留めて、譜面の紙背にひそむトロカイック（♩♪）の律動を、その愉悦を、表現しなければならない。速度の過剰はこの愉悦と相容れないのだ。

書式は三声。要所に和声的な声部補強あり。二部はともに四十八小節。

前部（第1-48小節）。第一呈示部（第1-21小節）。分散主和音の音列に始まる主題（第一主題）は六小節の長さに及ぶ。導入はソプラノ〜アルト〜バスの降順。第一対主題（ソプラノ初出。第8-11小節）は上行音階句を特徴とする。アルト〜バス呈示間には対主題の素材による経過節（第12-16小節）が置かれる。第一嬉遊部（第21-36小節）。バスが第一対主題由来の十六分音符走句（第21-26小節）を長く爪繰る。その後主題、対主題双方の断片が諸声部にちりばめられる。第二呈示部（第36-41小節）。ソプラノにのみ主題（頭部に変形）。アルトは不在。バスは上行分散和音素材による新たな対主題（第二対主題）（第37-41小節）を投じる。第二嬉遊部（第41-48小節）。主題頭部の音列を繰り返すバスに、右手がフィンガーペダルによる和音の彩りを添える。

後部（第49-96小節）。その最初の七小節にバッハは新しい楽想を持ち込んだ。この新主題（第二主題）が原主題（第一主題）の第三の、そうして最も重要な対主題として導かれ出されたものであることは、第55-60小節、第二主題のアルト声部導入時にバスが第一主題を奏する場面で明らかとなる。これら二主題による二重フーガの展開される可能性は充分にあった。が、バッハはこののち（第86-89小節を除いて）第一主題の出番を奪い、第二主題の対主題には和声的な付点八分音符楽句（第64-70小節アルト＋バス、第74-78小節ソプラノ＋アルト）を配することでポリフォニックの過熱を避けたのである。第二主題第一呈示部（第48-78小節）。導入はバス〜アルト〜ソプラノの昇順、さらに三小節の間奏を置いてバスに追加呈示（第74-78小節）。第一嬉遊部（第78-84小節）では第一対主題の音階素材が三声に振り分けられる。第二主題第二呈示部（第84-89小節）。バスにのみ主題。この間ソプラノが第一主題（頭部二小節が大きく変形）と久闊を叙す様は実に喜ばしい。第二嬉遊部

（第89-96小節）は前部第二嬉遊部の内容に対応する。結句の下行分散主和音（第96小節）は、あたかも後部において実行されなかった主題反転を補うかのようだ。

第五パルティータ ト長調 BWV 829

最もドライで、最も楽天的なパルティータ。それはト長調という調性、イタリア趣味、小柄な曲の仕立、鈍重なテンポの排除、そうして三拍子の圧倒的優位性（四拍子系楽章はアルマンドのみ）によって説明されるだろう。構成はプレアンブルム、アルマンド、コレンテ、サラバンド、メヌエット（テンポ・ディ・ミヌエッタ）、パスピエ、ジグの七章。

プレアンブルム　3/4拍子

曲名プレアンブルムはラテン語動詞 *praeambulo*（先行する）に由来する。よってそれはプレリュードと同義と見てもよいものだが、あえてこのラテン語を用いたバッハの意を汲めば単に「前奏曲」と呼ぶのは野暮かも知れない。「前置き」「前口上」「緒言」「巻頭の辞」のような一種の「気取り」を、その諧謔の精神を、愉しむのでなければ。──

そう、このプレアンブルムは一種の「諧謔曲（スケルツォ）」でもある。その可笑し味はピアニスティックな指技と関係している。音階、アルペジオ、トレモロ、跳躍、両手交叉、そうしてスピード──これら鍵盤技法の訓練項目をバッハは練習曲（エチュード）を書くように陳列し、それを生真面目に奏する者を皮肉な笑いを浮かべながら眺めている。これはクロード・ドビュッシーの逸品「グラドゥス・アド・パルナッスム博士」にも似た、「エチュードのパロディ」ではないか？

急速な十六分音符の音型が次々と繰り出される様はトッカータ風である。下行音階音列に始まる冒頭四小節楽節（a）がその後三度、回帰して全体の四部区分を明快なものとする。a（ルフラン）はそれぞれのセクションに異なる調を採り（ト長調、ニ長調、ホ短調、ハ長調）、それらに続く即興的エピソード（b〜e。cとeは対応関係）と交替（ab｜a′c｜a″d｜a‴e）して曲を進める。ピアニスティクの書法ゆえ声数を問題とする必要もあるまいが、エクリチュールの基本は二声と観てよい。

第一部（ab）（第1-16小節）。ルフラン（a）劈頭の四つの十六分音符は、経験を積んだ音楽家の耳にはアウフタクトに聴こえる（すなわち冒頭二小節では小節線が右へ一拍分ずれた譜として認識される）はずだ。バッハがそんな自然なリトミックにあえて反する記譜を行なったのは、下行音階句の印象をいやが上に鮮烈なものとするためであろう。前半二小節ではこの音階句とプラガルの終止（T-S-T）とが、後半二小節ではより長い音階句とドミナント終止（D-T）とが組み合わされる。続くエピソード（b）（第5-16小節）でバッハは和音の生成を嫌い、左右の手を敏捷に受け渡して十六分音符の単線を描く。第一楽句（b1）（第5-9小節）は上行音階句を、第二楽句（b2）（第9-16小節）は下行分散和音句を主体とする。後者はニ長調へ転調。

第二部（第17-41小節）。ルフラン（a′）はニ長調。エピソード（c）（第21-41小節）は四小節ごとに楽句の内容を更新する（c1

～ c 5）。そのうち c 1（第 21－24 小節）、c 3（第 29－32 小節）では十六分音符と八分音符が対位する。c 2（第 25－28 小節）ではその八分音符声部にアナペストのリズム変化が加わる。c 4（第 32－37 小節）は左右の手にわたる分散和音句、c 5（第 37－41 小節）で書式は三声となり、旋律的なフレーズがソプラノ～アルトに呼応される。この c 5 はニ長調よりロ短調を経てホ短調へ転ずる。

第三部（第 41－65 小節）。ルフラン（a″）はホ短調。エピソード（d）（第 45－65 小節）は、第二部同様に四小節単位の五楽句（d 1 ～ d 5）を擁する。d 1（第 45－49 小節）は b 1 に対応。d 2（第 49－53 小節）は c 5 を応用し、イ短調に転ずる。d 3（第 53－57 小節）は d 1 の反転すなわち下行音階句による。d 4（第 57－61 小節）では c 1 由来のバス八分音符の上に右手が自由な十六分音符楽句を走らせる。d 5（第 61－65 小節）で十六分音符走句は下声に移り、上声との反進行の緊張を高めたのちハ長調の明るみへ出る。

第四部（第 65－88 小節）。ルフラン（a‴）はハ長調。エピソード（e）（第 69－88 小節）は三つの楽句（e 1 ～ e 3）より成る。e 1（第 69－73 小節）では c 1 由来の八分音符音型が両手に分配される。ト長調へ。e 2（第 73－79 小節）ではドミナント「D＋d」のバスペダルの上に c 5 楽想が再現される。ト短調に暗んだ曲調がハ長調属七和音の突破口を見出す。e 3（第 79－88 小節）は c 2 ～ c 1 ～ c 3 の再現によりト長調を戻す。二度四度転回の属七和音におけるフェルマータ（第 86 小節）。そのドラマティックな緊張をあっさりはねのけて、軽快なコーダ（第 88－95 小節）が訪れる。「平均律曲集 第Ⅱ巻」のト長調プレリュードを想わせるトレモロが、鍵盤を喜色に染める。

アルマンド　$\frac{4}{4}$拍子

全篇に三連十六分音符を配した異色のアルマンド。その律動はややもすればジグ（$\frac{12}{16}$拍子）のそれと聴き紛うものであり、ことに「付点十六分音符～三十二分音符」（実際は三連音に奏される）のリズムの現われる場面でその傾向は顕著となる。この三連音分割と、アルマンドの基本たる $\frac{4}{4}$拍子の四連音分割（第 0 小節～第 1 小節第一拍他）とのリトミックのかけひきが高度に個性的だ。書式は前部三～二声、後部はおおむね二声。ソプラノは二オクターヴと四度、バスは三オクターヴと、外声の活動音域の広い点が注意される。

前部（第 0－12 小節）。第一楽段（第 0－6 小節）。ソプラノ主旋律は半小節遅れてバスに追奏されるが、それは頭部三拍のみの不完全な 模 倣（イミタシオン）である。様々な音型の三連十六分音符楽句が高低の声部に取り交わされる。ニ長調半終止より始まる第二楽段（第 6－12 小節）で初めて主旋律の本格的なイミタシオンがバスに起る。この間右手にはアルト声部が生じ、上二声がジグ風の愉しげな律動に踊りあう。接近した三声（第 8 小節第一拍）が左右の反進行により忽然と音域を拡げる。第 10 小節でバッハは新たなクラヴィーアの広い音域を存分に楽しむかのようだ。外声の再接近がニ長調の結着を希むも、それはいったん偽終止に声を和らげ、かつ付点リズムの拍動を内声に得て、まどかなる諸和をもって完全終止に及ぶ。

後部（第 12－28 小節）。第一楽段（第 12－20 小節）。主旋律の自由な反転形がソプラノ～バスに追奏される。ニ長調～イ短調～ホ短調。第 16 小節以降楽想の主導権はソプラノに渡る。短調が支配的となり、変化音が頻出、さらに特色ある「十六分音符～八分音符～十六

分音符」のリズム（第 17 小節初出）により筆勢が強まる。イ短調、ロ短調を経てホ短調終止へ。第二楽段（第 20－28 小節）はバス三連十六分音符と、ソプラノ付点リズムとの対位に始まる。主調の回帰（第 23 小節）とともに三連十六分音符がソプラノにも及ぶ。最終四小節は前部のそれとの自由な対応を見せる。

コレンテ　$\frac{3}{8}$拍子

パルティータのコレンテ（クラント）中最も単純明快な作。楷書的な筆致、和声的な織り目はヘンデルやチマローザのクラヴィーア作品を髣髴させる。二部はともに三十二小節、書式は二声、楽想の反転処理は行なわれない。主旋律を成す十六分音符楽句は前部では上声の、後部では下声の担当するところとなる。それと対位する声部は八分音符の規則的な歩調を主体とするが、後部には旋律的趣向が採り入れられる。

前部（第 0－32 小節）を構成する四楽節は「8｜8｜7｜9（小節）」。第一楽節（第 0－8 小節）。折線状分散和音による主旋律（上声）は「T－D－T」のシンプルな和声語順による。下声第 2、4 小節の八分休符がいとも効果的だ。第二楽節（第 8－17 小節）の上声は或る軸音の上下にトレモロ風の旋回を示す。下声には順次進行の動きが芽生える。ニ長調へ転調。第三楽節（第 17－24 小節）では上声の長音に対し下声が十六分音符をまじえた対旋律を投じる。ニ長調の偽終止がこの楽節を七小節の短さで打ち切る。第四楽節（第 24－32 小節）はそれを補って九小節となる。第三楽節上声の上方志向への反動として、第四楽節上声には下方志向が顕著である。

後部（第 32－64 小節）の四楽節はいずれも八小節。第一、四楽節は前部のそれと対応するのに対し、第二楽節は前部第三楽節と、第三楽節は前部第二楽節と対応する。第一楽節（第 32－40 小節）。主旋律は下声に示される。頭部一小節を除いてその音列が原形（前部）と一致しないのは、メロディアスな対旋律（上声）とのかねあいを優先した結果である。ニ長調よりト長調を経てホ短調へ。第二楽節（第 40－48 小節）では前部第三楽節の二声関係が逆転される。ホ短調に終止。第三楽節（第 48－56 小節）でも前部第二楽節の二声関係が逆転する。ニ長調を経てト長調が戻る。第四楽節（第 56－64 小節）。上声に十六分音符楽句が復帰し、両手こぞっての分散和音（第 57、59 小節）に舞踏楽に賑わう。

サラバンド　$\frac{3}{4}$拍子

三本の弦楽器のアンサンブルを髣髴させるこのサラバンドは、第二拍の長音強調という基本を踏みつつ、あらゆる拍に付点リズムをゆらめかせ、その温雅な律動に幸福な調べを乗せる。上二声は多くの場面で接近した協和音程（三度、六度）に並行する（アルトは第 32－34、38－40 小節部分で二声分割に処される）。バスは上二声との対等な発言権を得、順次下行の付点リズム楽句（a）を主たるモチーフとして要所にこれを奏でる。このバスの声域は二オクターヴ以上の広きにわたる。

前部（第 0－16 小節）。サラバンドの常套に反するアウフタクト開始は、付点リズムの律動に重きを置くこの楽曲の性格に鑑みて自然のなりゆきといえる。第一楽段（第 0－8 小節）は主調裡に完結。前半四小節で上二声（主旋律）は三度音程に並行する。バスはやや遅れて a 句によりアンサンブルに参加。後半四小節の上二声は六度並

行に始まるも、徐々にその並行の枷（かせ）を緩めて個々に自由な動向を得る。第二楽段（第8－16小節）はニ長調に転じる。ここで上二声は完全に独立した動向を見せる。高音域に新たな旋律を歌う上声に対し、アルトがa句を投げかける（第9－10小節）。当初アルトの音域（テスィチュル）を侵したバスが、このアルトa句を継受しつつ刻々と音域を下げる。ニ長調終止はノーブルな感慨にみちる。

後部（第16－40小節）。第一楽段（第16－28小節）は前部第一楽段に則した八小節（第16－24小節。ニ長調～ホ短調～イ短調）に四小節（第24－28小節。ト長調～ホ短調）を加えた内容。この付加四小節ではソプラノ～アルトの模倣追奏句（b）（第24－26小節）に刹那、ポリフォニックの叡智がひらめく。第二楽段（第28－32小節）では上声に新たな楽想が現われ、高音域に張りつめた歌声を響かせる。単純八分音符によるバス「f♯¹－e¹－d¹－c¹－b」（下行）とアルト「c¹－d¹－e¹－f♯¹－g¹」（上行）との呼応（第29－31小節）はa句の変奏と観てよい。第三楽段（第32－40小節）主調が恢復し、ドミナント「d²」のペダル音がソプラノに細く曳かれる（第32－34小節）。その下方、二声分割された中声が冒頭の主旋律を再現（ドミナント移調）し、二小節遅れて上声がイニシヤチヴを取り戻す。第36－38小節にb句が自由再現される。下声はa句をつつましくも断片的に奏でる。結句では全四声がむつまじく近寄り、歌声を合わせて終止を結ぶ。

テンポ・ディ・ミヌエット　$\frac{3}{4}$拍子

両手で分散和音を取り分けるリュート風の分散和音書法は「第一パルティータ」のジグを想わせるもので、その譜は一見スカルラッティの快速な妙技（ヴィルチュオジテ）にも似る。然るにバッハは「メヌエットのテンポ」すなわち決して性急に走ることのない穏やかなテンポを要求した。ならばこれは「メヌエット」そのものかといえば必ずしもそうではない。各楽節の末尾部分にこの舞曲特有のイントネーションが表わされはするものの、曲の大半を占める分散和音句における、小節を二分割（$\frac{6}{8}$拍子）するリトミックはメヌエットのそれとは明らかに異質のものだ。バッハがこの楽章に「メヌエット」という正式のタイトルを与えなかったのは、それがメヌエットの仕立てに近い小楽曲にすぎなかったからであろう。既成のいかなるスタイルにも合致せぬこの曖昧な楽曲の在り方に、バッハの組曲の進化の印が観て取れる。

分散和音句（a）（第1－3小節初出）と和声的結句（b）（第4小節初出）とが結びついて一楽節を成す。aでは一小節の一番目と四番目の八分音符が突起して旋律音を形成する。

前部（第1－12小節）は単一楽段（二楽節）。第一楽節（第1－4小節）。aがト長調主和音上に力強い上昇線（a1）を描く。第二楽節（第5－12小節）はニ長調。右手担当の突起音が五度下行音列の旋律線（a2）を形成する。

後部（第13－52小節）。第一楽段（第13－20小節）は前部第一楽節（a1）に准ずる（ニ長調～ホ短調、ホ短調～イ短調）。第二楽段（第21－32小節）は前部第二楽節（a2）に准ずるが、右手担当の突起音に自由な動向がもたらされる。分散和音は種々の変化音にニュアンスを深め、最終的にはa1の型により（第28小節～）ホ短調終止を結する。第三楽段（第33－52小節）。第一楽節（第33－45小節）では分散和音の形状が変り、突起音の担当が左手となる。中音域に

ニ長調（第33－36小節）、ハ長調（第37－40小節）それぞれのドミナントペダルが敷かれ、その上にもごもごと、冴えぬ音色で分散和音が爪繰（つまぐ）られる。やがてト長調が戻り、三拍子の規則的歩調が初めてバスに起こる（第41－44小節）。第二楽節（第45－52小節）は前部第二楽節に准ずる。

パスピエ　$\frac{3}{8}$拍子

$\frac{3}{8}$拍子のシンプルな仕立てはバッハのパスピエの常である。当パルティータにおいては同じ拍子のクラントとの近似が観られるが、このパスピエはクラントほど快速に奏されるものではない（これを速く奏すればやはり$\frac{3}{8}$拍子系の次楽章ジグとの混同がきたされることになる）。奏者はいくぶん穏やかなテンポの中に、三十二分音符を交えた滑走音の可憐なニュアンスや、フレーズ結句の雅やかな舞踏的所作を美しく表現すべきである。

書式は三声。全ての楽段は主旋律の呈示により始まる。

前部（第0－16小節）。第一楽段（第0－8小節）。主旋律冒頭の四度上行句「d¹－g¹」はアウフタクト（八分音符）にトニックのバス「G」を従える点に特徴を有する。それは二拍の時差をもってアルトにより追奏「b－e¹」される。第二楽段（第8－16小節）は主調に開始するも直ちにニ長調に転ずる。第12－14小節のバスのシンコペーションは創意に富む。

後部（第16－48小節）。第一楽段（第16－28小節）。主旋律の開始は五度下行「a²－d²」に反転される。アルトによる追奏は三拍時差。ホ短調終止ののちアルトは休止し（第20－24小節）、バスの反復する十六分音符楽句の上にソプラノが主旋律頭部楽句を繰り返す。アルトの回帰とともにト長調が戻る。第二楽段（第28－41小節）では主旋律が高音域に再現する。十六分音符楽句がソプラノ～バスに連なる。この間アルトはふたたび不在となる。第三楽段（第40－48小節）では主旋律がハ長調で呈示されたのち、ソプラノに十六分音符楽句を置いたシークエンスがト長調終止へ向かう。

ジグ　$\frac{6}{8}$拍子

第四パルティータにおいて二重フーガ様式のジグを試みたバッハは、ここでその技法にさらなる磨きをかけ、舞曲様式と対位法書式との緊密な融合を実現する。ことに二本の主題の拮抗する第二部の様相は、「平均律曲集」の最も技巧的なフーガのページと並べても見劣りするものではない。

パルティータのジグの主題は分散和音的音列を示す傾向にある。当楽章の主題（第一主題）もその例に洩れない。書式は三声。二部はともに三十二小節に仕立てられる。対主題は必ずしも一定でない。

前部（第0－32小節）。主題呈示部（第0－9小節）。導入はアルト～ソプラノ～バス。第1小節の下行五度の八分音符句「d²－g¹」をモチーフaとしよう。ソプラノ～バス呈示間にb句による間奏（第4－7小節）あり。そこでソプラノは十六分音符楽句（b）を走らせ、アルトはaの反転＝上行五度（a′）を含む八分音符楽句を刻む。嬉遊部（第9－12小節）はb＋a′によるシークエンス。イ短調を経てニ長調へ到る。第二呈示部（第12－14小節）ではバスにのみ主題が入る。第二嬉遊部（第14－19小節）。バスにb句が長く連鎖する一方で、上二声がシンコペーションによる断片的な順次下行フレーズ（c）を渡しあう。第三呈示部（第18－25小節）。アルト（ニ長調）

～ソプラノ（ト長調）に主題。左手の二声分割（第23‐25小節）はいかにもバッハらしい記譜の妙だ。第三嬉遊部（第26‐30小節）は a´＋b、b＋c によるシークエンス。ソプラノの音域が高まる。第四呈示部（第29‐32小節）。ソプラノが高らかに主題を謳うが、それはたちまち結句に取り込まれ、c句の柔らかな吐息とともに前部は終結する。

後部（第32‐64小節）は第二主題の呈示に始まる。この新主題は第一主題由来の三音（d）「a‐d‐g」（それは第一主題音列「d²‐e²‐c²‐a¹‐f♯¹‐d²‐g¹」の一部（下線音）を反映している）を八分音符に弾いたのち一瞬の沈黙を置いて十六分音符（e）～トリル（f）の走句を紡ぐ。e（第33小節第四～六拍部）は前部におけるbに対応するモチーフとしてこののちたびたび活用される。fもまたeと共同して嬉遊節を飾るものとなろう。第一呈示部（第32‐43小節）。導入はバス～アルト～ソプラノ。この第一呈示部においてのみ一定の対主題が用いられる。短い経過節ののちアルトに追加呈示（イ短調）（第41‐43小節）。第一嬉遊部（第43‐45小節）は上二声のみ（ホ短調）。第二呈示部（第45‐54小節）では第一、第二両主題が同時呈示され、二重フーガの面目が施される。主題呈示はまずバス（第一主題）＋ソプラノ（第二主題）（ホ短調）。bによる経過節（欠アルト）ののち、ソプラノ（第一主題）＋アルト（第二主題）（イ短調）。このソプラノ第一主題（第49‐51小節）における音向の変更は当時のクラヴィーアの高音域限界によるものと推察される〔「註解」参照〕。その後直ちにソプラノに第二主題（ニ長調）が入り（第51‐53小節）、そのフレーズを受けたf＋eのシークエンスがト長調の回帰を導く。この間バスは休止。第三呈示部（第54‐63小節）。バス（第一主題）＋ソプラノ（第二主題）。経過節ののちアルト（第一主題）＋バス（第二主題）。コーダ（第61‐64小節）。e＋fのシークエンスののちト長調終止が訪れる。上二声の女性終止句（最終二音）は前部のそれ（c）の俤を映して優美である。

第六パルティータ ホ短調 BWV 830

深刻かつ奇想的、厳格かつロマン的──。この最後のパルティータの性格は幅広い。和声的二声書法（コレンテ）、和声的四声書法（サラバンド）、二声インヴェンション的書法（アルマンド、ガヴォット）、三声フーガ書法（トッカータ、ジグ）、さらには即興演奏（トッカータ）、合奏曲（エール）、独唱曲（コレンテ）といった諸々のスタイルを、バッハは個々の曲趣と絶妙に結びつけた。

構成はトッカータ、アルマンド、コレンテ、エール、サラバンド、ガヴォッタ（テンポ・ディ・ガヴォッタ）、ジグの七楽章。イタリア語（トッカータ、アルマンダ（アルマンド）[*5]、コレンテ、ガヴォッタ）とフランス語（エール、サラバンド、ジグ）の使い分けはそれぞれの音楽的国柄を反映したものと解釈される。「第五パルティータ」の場合と対照的に二（四）拍子が優勢である。バッハは序章トッカータと終章ジグにフーガ書式という技法的な重きを置き、七章の中央のエールを最もシンプルな和声様式に書くことで、全体にシンメトリックの骨組を与えたものと私は考える。二声インヴェンション風の二曲（アルマンド、ガヴォッタ）と和声的二、四声の二曲（コレンテ、サラバンド）とがそれぞれ中心軸（エール）から左右等距離の地

点に措かれる事実、また奇数番号楽章（トッカータ、コレンテ、サラバンド、ジグ）が長く偶数番号楽章（アルマンド、エール、ガヴォッタ）が短い演奏時間の設定が、上の考察の根拠となる。

トッカータ冒頭に明示される下行二度音程のモチーフ「g²‐f♯²（‐a¹‐g¹）」はアルマンド、サラバンド、ガヴォッタの各開始部分、コレンテの一部（第5‐8小節、第29‐30小節等の和声語順）、エールの対旋律（第12‐16小節）、そうしてジグの対主題（第3小節）に応用される。このモチーフはまた、上行二度「e¹‐f♯¹」に反転されてジグの主題を生成する要素ともなろう。一方でエールとガヴォットとはその冒頭音列「e¹‐f♯¹‐g¹」を同じくする。それはサラバンドの前後に振り分けられたギャラントリの、姉妹性の証である。

トッカータ $\frac{2}{2}$拍子

ホモフォニック（A）とポリフォニック（B）とに対比される二つのセクションが大きな三部分（ABA´）を構える。A、Bは下行二度楽句という共通のモチーフを有し、性格においては相補的でもある。$\frac{2}{2}$の拍子設定は奏者の陥りがちな停滞的低速（例えば「$\frac{4}{4}$拍子、Adagio」のようなテンポ感覚）への警告と理解される。

第一部（A）（第1‐26小節）。アルペジオに始まるラプソディックな即興部（A1）と規則的な律動によるデュオ部（A2）とが交互する（A1～A2～A1´～A2´～コーダ）。

A1（第1‐8小節）では和声的楽句（a）と七連十六分音符楽句（b）が「a～b～a´～b´～a″」の順に示される。a（第1‐2小節）の上声音列「g²‐f♯²‐a¹‐g¹」はこのトッカータの主動機である下行二度音列を明示するものだが、それは作曲家の苗字を示す音列「BACH」の相似形でもある。峻厳たる付点リズムにウヴェルチュルの威風が立つ。b（第3‐4小節）では七連音の旋回句がリュート風に爪繰られる。a´（第5‐6小節）はニ長調を志向し、b´（第7‐8小節）でロ短調転調が確実となる。a″（第8小節）はロ短調終止句。主動機の反転形＝上行二度「b¹‐c♯²、a♯¹‐b¹」が鋭い付点リズムで宣言される。

A2（第8‐13小節。ロ短調）で律動は規則的となる。書式は二声。十六分音符楽句（c）と八分音符楽句（d）との二声対位がその配置を変えて二楽節（各二小節）、連ねられる。このA2は第二部のフーガ嬉遊部に応用されるであろう。

A1´（第13‐20小節）はA1部の内容に準ずる。a（第13‐14小節）はイ短調～ト長調。b（第15‐16小節）では減七和音に基づく旋回句がクロマティックに上昇する。a´（第17‐18小節）はホ短調～イ短調。b´（第19‐20小節）～a″（第20小節）はホ短調。

A2´（第20‐25小節）はA2の内容に準ずる。第23‐24小節ではdの音向が上行に反転し、かつcの音列に一部変化がもたらされる。コーダ（第25‐26小節）はホ短調の終止節。

＊

第二部（B）（第26‐89小節）は三声のフーガである。ホ短調に始まりロ短調に終る事実を考えるに、これを一個の完結したフーガ作品と見なすことはできないが、その厳粛な多声書法の風格は「平均律曲集 第Ⅰ巻」のロ短調フーガのような傑作と並べても見劣りのするものではない。

主題は第一部劈頭に呈示された二つの下行二度音列に由来する。最初のモチーフ「e‐e‐d♯、f♯‐f♯‐e」は吐息のニュアンスを表わ

す（この音列と「平均律曲集　第Ⅱ巻」のへ短調プレリュード主題との近似は意図的なものであったか？──）。その後フレーズは連続的となり、下行二度モチーフ「**c – B**」、その反行「**d♯ – e**」、反行の転回「**g – A**」という音程応用を見せる。ちなみに主題の起点は、小節最後の八分音符拍の場合（五回）と第四の八分音符拍の場合（五回）とが同数である。十六分音符主体の対主題（バス声部第29-32小節初出）は多くの場合一定の形を取る。この対主題の十六分音符の拍動はこの第二部全体に地模様のごとく遍在するものとなる。嬉遊的楽想は四種類（D1～D4）。第一（D1）（第32-34小節初出）は上拍に四分音符を措く音型を特徴とする。第二（D2）（第37-40小節初出）は対主題由来の十六分音符句と八分音符句とによるシークエンス。第三（D3）（第51-53小節初出）では主題頭部モチーフがストレット風に反復・継起される。第四（D4）（第71-77小節初出）は第一部A２楽想の転用。

　主題呈示部（第26-37小節）。導入はバス～アルト～ソプラノ。アルト～ソプラノ間に嬉遊的経過節（D1）。第一嬉遊部（第37-40小節）はD2による。第二呈示部（第40-49小節）。バス（ロ短調）～アルト（ホ短調）の呈示間に嬉遊的経過節（D1）が挿入される。第二嬉遊部（第49-53小節）の前部はシンコペーションの記譜によるD2の変奏。ハ長調へ。後部はD3。ト長調へ。第三呈示部（第53-60小節）。バス（ト長調）～ソプラノ（ニ長調）呈示間に嬉遊的経過節（D1）。第三嬉遊部（第60-64小節）はD3により、イ短調を待ち設ける。第四呈示部（第64-71小節）。アルト（イ短調）～ソプラノ（ハ長調）呈示間に嬉遊的経過節（D3）。ソプラノ呈示時の対主題（アルト）に変形あり。第四嬉遊部（第71-77小節）はハ長調～イ短調（バス不在）。まさしくこの地点で第一部A２楽想（D4）の再現する悦びは大きい。ことに第73-75小節の繊細・甘美な声韻は筆舌に尽くしがたいものである。第五呈示部（第77-81小節）は主題の前部をのみ反復する偽呈示部（ソプラノ、次いでアルト＋ソプラノ平行）。イ短調よりホ短調、ロ短調と、ドミナント転調の針が巻き進められる。第六呈示部（第81-84小節）。バスに最後の主題呈示（ロ短調）。第六嬉遊部（第84-89小節）はD4からロ短調結句へと流れこむ。

＊

　第一部再現（A′）（第89-108小節）はA２部を欠く構造。四つの楽段はいずれも「a～b」の形。第一楽段（第89-92小節）はロ短調。第二楽段（第93-96小節）はロ短調～ト長調～ホ短調。第三楽段（第97-100小節）はイ短調～ホ短調。第四楽段（第101-104小節）はホ短調～イ短調～ホ短調。第104小節、減七和声へのドラスティックな偽終止にフェルマータが打たれる。コーダ（第105-108小節）はカデンツァ風。bの長い連鎖（クロマティック上昇）の末に、ホ短調終止句が峻然としてそそり立つ。

アルマンド　4/4拍子

　Allemanda という少々無茶なイタリア風表記[*5]をバッハが行なったのは音楽の性格ゆえのことであろうか。その譜相は「第三パルティータ」のアルマンドと似るが、かの旧作が奥行に富んだ三～四声のエクリチュールを駆使したのに対し、この新作は（開始部二小節を除いて）二声のシンプルな線的対峙を旨とする。それによってもたらされる明度の高い響きは確かにイタリア的と見なすこともで

きよう。が、三十二分音符を最小音節とする細くしなやかな筆致、滑走音と付点リズムとの闊達なアルテルナンスにフランス風のテイストのあることも否めない。

　前部（第0-8小節）。第一楽段（第0-4小節）。トニックのバスペダルの上方、下行テトラコルド（a）の連鎖に始まる主旋律は「**g² – e² – c² – a¹ – f♯¹ – d♯¹**」という三度間隔の降下のアウトラインに一種アルカイックな哀調を表わす。テノール声部の順次上行八分音符句が主旋律に対して反進行的な影を添える様が美しい。フレーズに投入される細やかな付点十六分音符のリズム句（b）がアルマンド特有のブリゼの音型をなし、舞踏の律動を引き締める。第2小節第四拍以降二声書式が定まり、バスの動きが俄然活発となる（ことに第2小節第三拍～第3小節第一拍の上行～下行のアーチ型楽句をa′とする）。イ短調に終止。第二楽段（第4-8小節）。高められた二声の音域が徐々に下がり、ロ短調への転調がなされる。上声の付点リズム句（b）連鎖に下声がaの反転音列をもって斬り込み、二声間の緊張が高められる。

　後部（第8-20小節）の構造は精妙である。前部に呈示された様々の音型の活用は単純な再現でなく意匠を尽くした変奏・展開となり、なおかつそこに新たな楽想が加わって、さながらロマン派のソナタ展開部にも匹敵する質感がもたらされる。第一楽段（第8-14小節）。ホ短調のドミナントより起こされる主旋律はaを二反復（前部冒頭では三反復）に切り上げてフレーズを五拍に縮める。両手下行音階の衝撃。そののち第2小節の上声～下声に聴かれた二種類の音型が、起点を第三拍（もと第一拍）にシフトした形で下声に一本のフレーズをなす。上声に起こるbの連鎖（第12小節）は第5-6小節と対応するが、やはりその起点は第三拍（もと第二拍）にシフトされる。作曲技法上、このようなフレーズ起点のシフトは見すごすべき問題ではない。イ長調終止へ。第二楽段（第14-20小節）。ダクティル音型による新たなモチーフ（c）が下声に導入されたのち上声に渡る。下声a′句とのめまぐるしい対立のうちにホ短調が回帰する。やがてcとbとが混ざりあい、結句へ向けて高い緊張を維持する。前部終止がロ長調であったのに対し、後部終止はピカルディ三度を取らない。

コレンテ　3/8拍子

　コレンテはいうまでもなくイタリア様式のクラントである。が、前曲アルマンドと同様、そこにはフランス趣味との精妙な融和が感知される。既存の様式や趣味へのバッハの鋭い追窮が、結果として或る特定の様式や趣味の枠を超えた新たな楽想を生成する。それは最も高度な芸術的変容のあり方にほかならない。

　二声書式。下声（左手）は（第29-36、90-97小節を除いて）八分音符のシンプルな拍動を崩さない。その規則的なコンティヌオに上声（右手）がシンコペーションで倚り憑れる。この旋律は歌い始めにおいて一条のアリアのようでもあるが、徐々に分拍が細かくされ、吐息にも似た不安な声色の中に緊張が増し、ついには器楽的な三十二分音符走句に姿を変える。本書では特にリズムの型に注目して六つのモチーフの区別（a～f）を設ける。すなわち、a（冒頭のシンコペーション楽句）、b（第3-4小節初出、三十二分音符～十六分音符楽句）、c（第4小節初出、滑走音的上行楽句。第10小節以降下行への反転形も出現）、d（第16小節初出、小シンコペーション楽句）、e

（23）

（第23小節初出、第一拍にモルデントを持つシンコペーション楽句）、f（第29小節初出、連続的三十二分音符楽句。当初は分散和音型。のちに非分散和音型、シンコペーションをおびた型などの変形が出現）。

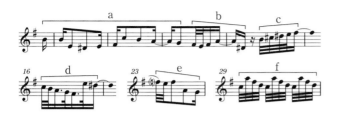

小三拍子（$\frac{3}{8}$）とはいえ全百十六小節という巨きな仕立てでソナタ風三部分（呈示・展開・再現）が構えられる。この展開を一本の旋律に担わせる作曲法は画期的なものともいえる。

前部（第0-54小節）。第一楽段（第0-18小節）はホ短調。主旋律の最初のフレーズ（四小節）はa〜b。次いでc〜aによるフレーズ（二小節）を二本、さらにbのみのフレーズ（一小節）を一本、c′のみのフレーズ（一小節）を一本と、徐々に分節を短くし、最後にc〜a〜dによる長いフレーズ（六小節）を横たえてホ短調終止に到る。第二楽段（第18-38小節）はホ短調〜ト長調。休符によるフレーズ分割は行なわれない。第一楽段で規則的であった下声の動向が自由になる。第二楽段前部（第18-28小節）はd、eの、後部（第28-38小節）はfの占めるところとなる。第29-36小節間の下声はト長調ドミナントのオクターヴペダルをシンコペーションに揺らめかす。第三楽段（第38-54小節）はイ短調、ホ短調を経てロ短調へ。当初十六分休符により短く区切られたフレーズ（c〜d）はやがてdの連鎖、さらにfの連鎖により緊張をつのらせ、忽然と上行アルペジオの気流を立ててロ調の終止に及ぶ。

後部（第54-116小節）。第一楽段（第54-78小節）。最初のフレーズ（四小節）は前部のそれに準ずる。次いでc＋dの短フレーズ（二小節）を二本、fの長フレーズ（四小節）を一本、cの短フレーズ（一小節）を二本をつなぎ、最後にc〜a〜dの長フレーズ（六小節）をもってイ短調終止に達する（〜第74小節）。推移節（第74-78小節）では、三十二分音符句（f）の織りなす幻想的なカレイドスコープ（第74-78小節）がホ短調の回帰を期する。第二楽段（第78-99小節）はホ短調〜ハ長調。まずは前部冒頭のフレーズ（四小節）が再現する（変形をおびる）。次いでbのみによる短フレーズ（一小節）の五つの連なりが近親転調（ホ短調〜イ短調〜ニ短調〜ト長調〜ハ長調）を経てハ長調に定まる（この間の上声の対斜的増八度跳躍（第83小節「$g^1-g\sharp^2$」、第85小節「$f\sharp^1-f\sharp^2$」は個性的である）。愉快なことに第90-97小節では下声ドミナントのオクターヴペダルの音向が前部のそれ（第29-36小節）の逆となる。ハ長調に終止。第三楽段（第99-116小節）は前部第三楽段に対応するが、結句に先立つ上昇気流（第113-114小節）が（前部では一小節のアルペジオ句であったものが）ここでは二小節の順次音階句となる。

エール　$\frac{2}{2}$拍子

「フランス組曲BWV 813 & 815」の「エール」は$\frac{2}{2}$拍子、二声書式の楽曲であり、アウフタクトに開始し、十六分音符楽句を楽想の主体とするものであった。これに対し、当エールは$\frac{2}{2}$拍子、アウフ

タクト開始という点は過去作と同じだが、書式は必ずしも二声に限定されず、八分音符が楽想の音価とされる。それはいわばガヴォットの楽趣に近いもので、随所に顕著な和声的書法はラモーやヘンデルらバロック後期のバレエ作品との接近を想わせる。なお二部それぞれの反復ののちにコーダを付加するプランは、バッハの組曲楽章に前例を見ない。

前部（第0-12小節）は単一楽段。主旋律（上声）は八分音符による二小節の山なりのフレーズ（a）。左手は力強い密集和音により強拍に四分音符の支柱を樹てる。下声によるaの追奏（第2-4小節）が上声にメロディアスな対旋律を招く。この対旋律の核を成す六度上行音程「g^1-e^2、$d\sharp^2-b^2$」（b）はのちにガヴォットやジグにも応用されるものとなろう。ホ短調半終止をもって句点が打たれる。

後部（第12-28小節）。第一楽段（第12-20小節）。前部より引き続いて下声が八分音符楽句を走らせる。それは主旋律の自由な反転とも解釈される。上声対旋律はbを端緒とするフレーズをシンコペーションに揺らめかせ、第12-16小節間にアルトの支え（二分音符）を求める。音域を低めた下声は第16小節に鍵盤音域の下限をきわめたのち、主旋律前半の音列を連ねてたちまちアルトの声域まで駆け登り、ト長調終止に到る。第二楽段（第20-28小節）。下声に連なる上行音階句は主旋律の下行音階部分（第1-2小節）の反転と見なされる。上声はaの変形によりこれに対する。第24-27小節上声の大胆な跳躍は、十一度という広audio域に並行する二声（ソプラノ、アルト）の存在を暗示する書法である。ホ短調終止前の四小節（第24-28a）の変奏＝プチット・ルプリズ（第28b-32小節）がコーダとなる。

サラバンド　$\frac{3}{4}$拍子

サラバンドは第三、第五パルティータにおいて軽快に、第四パルティータにおいて優美にその出で立ちを変えたが、バッハはこの最後のパルティータでサラバンドの本性というべき重く暗い典礼風舞踊の精神に立ち帰ろうとしている。全三十六小節という大きな構え、四声を基本とし一時的に最大八声を動員する和声の厚み、厳かに屹立する付点リズムと変幻自在な即興的走句とのコントラスト、各種七度和声、アッポジャトゥーラを大胆に駆使したヴォイス・リーディング──。歌声は陰影に富み、表情の彫りは深く、音色の変化は精妙をきわめる。この滋味に富んだ譜がベートーヴェンの最も入念なアダージョ楽章を想わせたとて何の不思議があろう？　これは明らかにバッハのサラバンドの頂点を成す存在である。

前部（第0-12小節）。古式に逆らうアウフタクト開始は第三、第五パルティータのサラバンドに前例がある。注意すべきは「付点リズム〜長音」という冒頭のリズム構造が第一パルティータのサラバンドのそれと同じであるにもかかわらず、フレーズの起点が第一拍でなく第三拍に置かれる事実にほかならない。それはこの主旋律の音列「$g^1-g^1-g^1-f\sharp^1$」がトッカータ冒頭のそれ「$g^2-f\sharp^2$」と同じである事実、そうしてかのトッカータ冒頭のフレーズが、$\frac{2}{2}$拍子の第一上拍（アウフタクト）より第二拍へ切り込む型であった事実を反映したところと私は考える。第一楽節（第0-4小節）では件の音列の呈示後ソプラノが三十二分音符の即興的楽句により音域を高め、四声を挙げての付点リズム句（a）の合奏を導く。第二楽節（第4

－8小節）はホ短調〜イ短調、ニ長調〜ト長調のシークエンスの上にソプラノの即興（インプロヴィゼーション）が進む。ロ短調に転ずる第三楽節（第8－12小節）ではバス付点リズム句（a）に乗じたソプラノ（旋回句b）がいったん音域を低めたのち、四声（a）によるロ短調終止句が結ばれる。

　後部（第12－36小節）。第一楽段（第12－24小節）。第一楽節（第12－16小節）は主旋律の反転音列「f♯¹－f♯¹－f♯¹－g¹」に始まる。イ短調へ。第二楽節（第16－20小節）は近親転調（イ短調〜ニ短調〜ホ短調〜イ短調）に彩られ、即興的楽句はおもにアルト声部の担うところとなる。第三楽節（第20－24小節）ではバスaの上にソプラノがb変形（b′）を連ねる。イ短調終止へ。第二楽段（第24－36小節）。第一楽節（第24－28小節）は前部第一楽段に対応する。イ短調〜ホ短調。第二楽節（第28－36小節）は前部第二楽段に対応。ハ長調〜イ短調の推移の中、テノール声部に主旋律の頭部モチーフが下行半音階列を成す。ホ短調の回帰。b変形がテノール＝バス（b″）〜ソプラノ（b‴）に配され、結句に及ぶ。

テンポ・ディ・ガヴォッタ　$\frac{2}{2}$拍子

　サラバンドに前後する二つのギャラントリ（エールおよびガヴォット）には、$\frac{2}{2}$拍子＝第二拍開始、順次上行三音の開始音列「e²－f♯²－g²」（a）や六度音程の跳躍句という共通項が見出される。バッハはこれら二曲の近似性を意図したものに違いない。ただしこの「テンポ・ディ・ガヴォッタ」は「エール」ほど急速な楽曲ではなく、むしろガヴォットの平均的テンポよりも緩やかに奏されるものである。それは$\frac{2}{2}$拍子でありながら四分音符拍の中に細やかな三連音分拍を宿し、トロカイックの刻みにおいてジグとの共通点をも有している。旧来のガヴォット様式とは異なるこの曲趣ゆえに、バッハはこれを「ガヴォット」でなくあえて「テンポ・ディ・ガヴォッタ」と呼んだのかも知れない。

　書式はつねに二声。前部（第0－12小節）。第一楽段（第0－6小節）。冒頭二小節に呈示される主旋律（上声）の六度の跳躍は一本の旋律線における二声部（ソプラノ、アルト）の内在を暗示するもので、前半のソプラノ「g²－f♯²」と後半のアルト「a¹－g¹」とにトッカータ冒頭部の音列が振り分けられている［「演奏ノート」参照］。推移節（第2－6小節）では三連音の律動が上声に起り、下声はトロカイックのリズムによりそれを支える。ト長調へ。第二楽段（第6－12小節）では下声に主旋律が配され、上声はa音列の反転（下行）三連音によりそれと対位する。終止はト長調。

　後部（第12－32小節）。第一楽段（第12－22小節）はト長調〜ロ短調。主旋律はところどころに音列変化をおびる。ロ短調終止の前に下声に主旋律が導かれる（第20－22小節）。第二楽段（第22－32小節）。上声が主旋律前部を発し、イ短調経由でホ短調が戻る。第26－32小節は前部第二楽段の内容にほぼ准ずる。ただし第26－30小節では各モチーフの担当声部が前部のそれと逆になる。

ジグ　$\frac{2}{1}$拍子

　これはジグであろうか？　私たちの手にしているものはたまたま「平均率曲集」への採用に洩れた一篇の深刻なフーガではないか？確かに、舞曲の特徴は付点リズムや音の跳躍、アナペスト格やダクティル格の旋回句に見出されるかも知れない。が、息苦しいまでに堅忍不抜たる三声の対位法（コントラプンクトゥス）、主題と対主題との油断なき対峙、付点リズムへの切実な固執、苦痛に歪むがごとき減音程の表情、変化音・和声外音の立てる不快な軋み、半音階書法のもたらす暗澹たる色調——これらを軽くあしらって、ただただ舞踏的にこのページを奏でることなど、どうしてできようか！　ジグのフーガ化は第四、第五のパルティータでますます顕著となっていたが、この最後のジグはまさにその極北というべき存在である。

　一般にジグは複合三拍子または三連音分拍の律動を採るケースが多い。バッハがこのジグを四連音分拍としたのは、前楽章ガヴォットのリトミックが三連音分拍のジグと聴き紛うものであった事実と関係しているかも知れない。また当初この終章を$\frac{6}{8}$拍子で書いたものを、のちに$\frac{2}{1}$拍子という非常套的な記譜に改めたバッハの心裡には、初期稿（$\frac{6}{8}$拍子）の記譜が奏者に喚起するであろう敏捷なテンポへの警戒があったものと推察される。この特殊な拍子設定を観ても、このジグを快活な舞曲としてのみ扱うことは憚（はばか）られる。

　書式は三声（後部終盤に第四声の動員あり）。呈示部〜嬉遊部のアルテルナンス、後部での主題反転等、フーガ書式のジグの定石は厳守される。嬉遊部はほとんどつねに主題および対主題由来の付点リズム素材（a、a′）により構成される。

　前部（第1－24小節）。主題（S）は全長二小節。それはトニック「e¹」に発し上行二度と上行減七度の音程を重ねて上昇し、「f♯²」の頂点をきわめたのち減三度の個性的なイントネーションを発して声色を落とし、起点と同じトニック「e¹」に着地する。分節がつねにアウフタクト八分音符に始まる事実は、この主題のリトミックが素朴な跳躍の感覚（付点四分音符を分節始点と見る方式）とは異なることを暗示している。単調なリズムにもかかわらず、響きは多色的である。それは最初の七音符「e¹－f♯¹－d♯¹－c²－a¹－b¹－g♯¹」がホ短調音階のすべての階位に触れる事実に、また減音程やそれをもたらす諸変位音の然るべき配剤に、起因するところと考えられる。対主題（CS）（第3－5小節アルト初出）は主題の付点リズム（a）を四分音符一つ前方へシフトしたリズム（a′）により、その音列（上行二度の反復、および上行八度）にもまた主題の影響が色濃く表われている。第一呈示部（第1－9小節）。導入はアルト〜ソプラノ〜バス。ソプラノ〜バス呈示間の経過節ではアルトに主題の、ソプラノに対主題のリズムが配される。第一嬉遊部（第9－13小節）ではまずソプラノにa、次いでアルトにaおよびバスにa′。それら付点リズムとバランスを取るかのような単純な四分音符の歩調（b）がアルトに、のちソプラノに入る。ただし何より特徴的なものはバスの提起する新楽想（第9－10小節）である。それはa′に開始したのち敏捷なアナペスト格の小旋回をなすフレーズ（c）であり、深刻な主題の性格に唯一対比されるアンチテーゼとして、換言すればこのジグにおいて唯一舞踏的軽快性を表わすモチーフとして、奏者から然るべき扱いを受ける資格を有するものである（この旋回句はのちにダクティル格へのリズム変化c′（ソプラノ第12－13小節）を見せる）。ホ短調〜ニ長調〜ハ長調〜ト長調〜ロ短調と進む転調。第二呈示部（第13－15小節）。アルトに主題、ソプラノに対主題。第二嬉遊部（第15－20小節）。c（バス）＋b（ソプラノ）＋a（アルト）のアンサンブルがシークエンス（ロ短調〜イ短調〜ト長調）を成したのち、ソプラノに滑走音的音型（d）が投入される（第18－19小節）。ホ短調の再帰。第三呈示部（第20－22小節）。アルトに主題、バスに対主題。

後奏節（第22-24小節）は a（バス）＋ a′（アルト）＋ソプラノ（b）のアンサンブルがクロマティックに下行し、半終止の余韻をドラマティックに開放する。この最終和音上の右手の個性的な振舞は、c ＋ c′ のリズムによるバッハの即興にほかならない。

後部（第25-52小節）では主題反転形（Si）に基づくフーガが展開する。ここでの対主題（CS′）は当初、前部対主題（CS）と同じリズムにして異なる音列という形を取るが、その旋律線は第37小節以降新たな形（CS″）に発展する。一方で嬉遊部には前部の素材（a、a′、b、c、d）がそのまま用いられる。第一呈示部（第25-33小節）。Si の導入はバス〜アルト〜ソプラノの順。アルト〜ソプラノ呈示間に二小節の経過節あり。第一嬉遊部（第33-37小節）ではソプラノに c が継起（ホ短調〜ニ長調）したのち、a（ソプラノ）＋ a′（アルト）＋ b（バス）のアンサンブルが音調を和らげてイ短調へ向かう。第二呈示部（第37-41小節）はホ短調。バスが休止し、ソプラノ Si とアルト CS″ の二声が中高音域に鋭く対位する。次いでバスに Si、ソプラノとアルトとが協同して CS″。第二嬉遊部（第41-45小節）では c がソプラノ〜アルトに継起したのち、バスに d が導入される。アルト・バス間の広い開離が響きを苦しげにする。第三呈示部（第45-47小節）はホ短調半終止を受けて始まる。アルト Si とソプラノ CS″。バスはドミナントの杭を強拍に短く打ち込み、ホ短調終止（第46-47小節）に備える。第三嬉遊部（第47-49小節）では内声が二声に増殖する。響鳴の強化への已みがたい欲求の現われである。第四呈示部（第49-51小節）でバッハはソプラノに主題原形（S）を託す（アルトに CS）。コーダ（第51-52小節）。右手は最大四声の増員を恣<small>（ほしいまま）</small>にし、プラガルの終止を控えた下属調志向を強める。その音域上昇に抗うかのように、バスはそれまで見せることのなかった三度音程の跳躍下行という、華麗にも悲劇的な崩落の轟音を響かせ、掉尾ピカルディ三度主和音の光輝をいやが上にまばゆいものとする。

フランス風序曲 ロ短調
BWV 831

作曲時期：1730年頃（初期稿）、1734年（改訂稿）。
初版：1735年、「クラヴィーア練習曲 第Ⅱ部」としてニュルンベルク、クリストフ・ヴァイゲル社より。

17、18世紀の欧州においてフランス音楽は高く尊敬された。ことにリュリに代表されるオペラ＝バレエや、クープランらのクラヴサン音楽の様式を、その和声法、旋律法、楽器法、歌唱法、装飾法の洗練された趣味を、諸外国の音楽家は羨望し、自身の作品に積極的に採り入れた。

バッハもその例外ではなかった。ことにリューネブルクやツェレで過ごした青年時代（1700-1702年）、彼はフランス音楽のスタイルを熱心に学んだといわれる。その成果としてケーテン期の《フランス組曲》<small>*6</small> を挙げるのはあながち見当はずれというわけでもないが、その「フランス風」という形容詞はバッハ自身によるものでは

ない。彼がみずから「フランス様式」を謳った作品は事実上この《フランス風序曲》（原題 Ouverture nach Französischer Art）の他に知られていないのである。この組曲は「イタリア趣味」を掲げた《イタリア風協奏曲》（原題 Concerto nach Italiaenischem Gusto）とカップリングされ、「クラヴィーア練習曲 第Ⅱ部」として1735年に出版された。

まずはこの作品のタイトルについて述べよう。

《フランス風序曲》とは荘重な二拍子に開始し敏捷なアレグロに移行する器楽曲であり、フランス宮廷のオペラ＝バレエの劈頭を飾る管弦楽序曲の一つの典型であった。このスタイルをバッハは四つの《管弦楽序曲（通称《管弦楽組曲》）》の第一楽章はもとより、「第四パルティータ」第一楽章、《ゴルトベルク変奏曲》第十六変奏等に用いている。

Ouverture の語はそのような一個の楽章のタイトルとして用いられる場合と、Suite または Partita と同様に、複数の楽章（序曲を筆頭とする）から成る組曲のタイトルとして用いられる場合とがある。「第四パルティータ」第一楽章や《ゴルトベルク変奏曲》第十六変奏は前者に、当《フランス風序曲》や《管弦楽序曲》は後者に属するものである。「第四パルティータ」の内訳を見ると、第一楽章「ウヴェルチュル」の後に古典組曲の配列（アルマンド、クラント、サラバンド、ギャラントリ、ジグ）が敷かれている。これに対し、《フランス風序曲》《管弦楽序曲》では第一楽章「ウヴェルチュル」の後に本来あるべきアルマンドが不在となる。また終章をジグとしないケースも多く、全体に占めるギャラントリの割合が高い。この観察から、バッハは第一楽章を「ウヴェルチュル」とする組曲のうち古典的楽章配列によるものを Partita（Suite）、自由な楽章選択・配列によるものを Ouverture と呼んだものと推測される。

改めてこの《フランス風序曲》の譜面を俯瞰すると、そこには「ウヴェルチュル、クラント、二つのガヴォット、二つのパスピエ、サラバンド、二つのブレ、ジグ、エコー」の全八章がある。ウヴェルチュルの書式はもとより、クラントからジグまでの六つの舞曲楽章のうちサラバンドとジグを除く四曲がフランス原産舞曲であることから、バッハは「フランス風」の定義に及んだもののようである。また「エコー」というきわめて個性的な、またきわめて魅力的な後奏曲<small>（ポストリュード）</small>の設置はギャラントリに対するバッハの進取の趣向を感じさせるに充分だ。

かくして《フランス風序曲》はバッハのクラヴィーア組曲の新たな局面を拓くユニークな存在となった。然るにそれを「第七のパルティータ」と見なす誤解の長らく通用してきた事実ははなはだ奇妙なところである。「六つのパルティータ」と《フランス風序曲》という明らかに性格の異なる作品を、一本の縄で絡<small>（から）</small>げることなどどうしてできようか？<small>*7</small>

《フランス風序曲》を「第七パルティータ」と呼ぶことへの私の反論の根拠は以下の五点である。

その一。バッハ自身の校閲した《フランス風序曲》の初版譜に「パルティータ」という語は一切、見出されない。

その二。仮に「クラヴィーア練習曲 第Ⅰ部」が六つのパルティータを擁することから、それに続く「第Ⅱ部」の《フランス風序

曲》が自動的に「第七パルティータ」と見なされたとしても、数の均斉にこだわるバッハの性格からして、「パルティータ」の集成を「6＋1」などという中途半端な曲数で完結し満足するなどということはまずありえない。よしんば彼がクーナウの前例[*2]に倣って「七つのパルティータ」を企画していたとしても、「6＋1」の分巻はやはり不自然である。

　その三。バッハが組曲の内容の違いからそのタイトルを使い分けた可能性の高いことは上述の通りである。よって古典組曲の配列を敷く「パルティータ」と、自由選曲を楽しむ「ウヴェルチュル」とが一つの集成として扱われるはずはない。同じ理由により Ouverture のタイトルを Partita に改めることもできない。

　その四。仮に「第七パルティータ」としてバッハの意図した作品が存在するなら、それは六つのパルティータの調性順序の法則性［『六つのパルティータ』解説7〜8ページ参照］から、ヘ調または嬰ヘ調に書かれた可能性が高い。したがってロ短調の《フランス風序曲》が第七パルティータとなる可能性は低い。

　その五。《フランス風序曲》はバッハが音楽による「国柄」の描写を意図的に行なった数少ない事例であり、それはあくまで同様の趣旨を持つ《イタリア風協奏曲》とペアを成すべき存在である。ここで《フランス風序曲》に採択されたロ短調という調性が、《イタリア風協奏曲》の地中海的に明朗快活なヘ長調と対蹠調（アンチポド）の関係にあることも、おそらく偶然ではない。バッハはこのロ短調のトナリテに高雅な音調と透明な哀感というフランス的美質の粋を託したのである。

　《フランス風序曲》は（《イタリア風協奏曲》と同じく）二段鍵盤ハープシコードでの演奏を想定して書かれたものであり、ウヴェルチュル、ガヴォットⅡ、ブレⅡ、エコーのテクストにはイタリックの字体により forte および piano が記入されている。が、この指示を現代のピアノにおける単純な強弱対比（f／p）と考えるのは誤りである。原譜の forte／piano は二段鍵盤ハープシコードのレジストレーションによる響鳴や音色の対比を意味するものであり、そのコンセプションをピアノで表現するのであれば音量調整はもとより、微妙なタッチの変化、音域の改変、和声音やオクターヴ音（上方、下方）の補充といった再創造的な「トランスクリプション」の作業がなされるべきである[*8]。それはもちろん、知識と経験とを積んだ演奏家にのみ可能なことではある。が、学習者はこの forte／piano の指示の真意を理解し、強弱のみならずタッチやペダルの技法によりバッハの理想に迫ることを心がけなければならない。

ウヴェルチュル　$\frac{2}{2}$拍子〜$\frac{6}{8}$拍子〜$\frac{2}{2}$拍子

　この組曲全体に通底する感情の骨格を、バッハはこのウヴェルチュルにおいて力強く構築している。重厚な音の配置からは、管弦楽の構想を鍵盤に翻案しようという彼の意図がうかがわれる。曲は$\frac{2}{2}$拍子（A）〜$\frac{6}{8}$拍子（B）〜$\frac{2}{2}$拍子（A′）の三部分構成。

　第一部（A）（第1−20小節）。旋律は滑走音と付点リズムを主体とし、数々の装飾音に彩られる。それはフランス風序曲の典型的書法である。ここでは「f#¹−g¹−e¹」「a−b−g」のような特徴的な三十二分音符アウフタクト（a）が音楽に峻厳な風貌を与えている。

書式は自由な三（〜四）声。第一楽節（第1−5小節）の五小節という字余りの寸法はこのウヴェルチュルのラプソディックな気象を物語る。第二楽節（第5−13小節）はロ短調よりニ長調（第6小節〜）を経由して嬰ヘ短調へ。第三楽節（第13−20小節）は嬰ヘ短調による冒頭部の再奏（第13−17小節）ののち嬰ヘ調終止（ピカルディ三度）に到る。

　第二部（B）（第20−144小節）はフーガ風協奏曲様式を踏む。フーガ部（tutti）＝ forte（B1）と嬉遊部（solo）＝ piano（B2）との循環は「B1〜B2〜B1′〜B2′〜B1″〜B2″〜B1‴」。B1（第20−47小節）はフーガ主題の呈示部。この主題は鋭い八分音符の刻みから十六分音符の走句へと移行する。この十六分音符走句に第一部（A）のアウフタクト動機aの読み込まれる事実（第22小節上声「d#²−e²−c#²−d#²」等）に注意。主題はソプラノ〜アルト〜テノール〜バスの順に四声に導入されるが、事実上これら四声が完全に出そろう場面はほとんど設けられず、主題導入部以外は大方三（二）声の軽快なインヴェンション風書式で曲は進行する。ソプラノの奏する新たな楽想（第38−41小節）は副主題として記憶するに足りる。この副主題部分ほかいくつかの箇所に転調が起こるが、B1は基本的にロ短調域を出ない。B2（第47−59小節）では分散和音形の十六分音符群が嬉遊的性格をおび、左手の二声に新たな楽想が生じる。ことに第49−51小節や第55−57小節のテノールはフーガ主題の変形と見られるが、それは対位法的展開には到らない。ニ長調に終止。B1′（第59−77小節）はソプラノ〜アルト〜バスの主題呈示に始まるが、アルト、バスの主題は不完全形である。ソプラノ〜バスへの主題導入（第71小節〜）ののち嬰ヘ短調終止が結ばれる。B2′（第77−89小節）は嬰ヘ短調〜イ長調。B2に准ずる。B1″（第89−104小節）は自由な展開部。フーガ主題の正規の呈示は行なわれない。三声の技巧的対位のうちに転調が進み（イ長調〜ホ短調〜ロ短調〜嬰ヘ短調）、主題偽呈示（第95小節〜）の後を受けて副主題が反転配列により再現する（第97小節〜）。B2″（第104−123小節）。分散和音句の上に変形されたフーガ主題がひらめく。第108小節でロ短調回帰が確定。分散和音句に様々の形がもたらされる。B1‴（第123−144小節）はB1の再現部（導入五小節の再現は割愛）。

　第三部（A′）（第144−163小節）は第一部（A）と同じく全二十小節ながら、楽節構造は「5＋5＋6＋4小節」と変化する。第一楽節（第144−148小節）はホ短調に終止。第二楽節（第148−154小節）は諸近親調を掠めて主調半終止へ。第三楽節（第154−160小節）ではアウフタクトのモチーフに模倣追奏の操作がなされる。第四楽節（第160−163小節）は第一部（A）の最終三小節に准ずる。

クラント　$\frac{3}{2}$拍子

　流麗なテンポ、嫋（たお）やかな旋律の身ぶり、華奢な装飾音、そうして$\frac{3}{2}$＝$\frac{6}{4}$拍子の複合型リトミックはフランス風クラントの典型であり、その響きには類稀（たぐいまれ）なエレガンスの触感がある。順次進行を旨とするフレーズが高低の声部になめらかに奏でられ、追奏や反進行のエコーにより対話のニュアンスが美しく表わされる。書式は三声を基本とするが、音楽の骨格はおもに両外声の形成するところであり、中声は適宜、和声を充填するのにすぎない。主旋律へのポリフォニックな処置（模倣、反転等）は取られない。二部は各十二小節。

前部（第0－12小節）は単一楽段。第一楽節（第0－4小節）で主旋律はソプラノに在り。冒頭二小節半の間バスに敷かれるトニックのペダルはこの舞曲の居ずまいに暗い威厳をもたらす。第一楽節のソプラノには$\frac{3}{2}$拍子と$\frac{6}{4}$拍子の一小節ごとの交替が聴かれる。これに対し第二楽節（第4－12小節）は$\frac{3}{2}$拍子に統一される。バスに対旋律が生れ、ソプラノとの対話がイ長調～ホ短調～嬰ヘ短調と進む。上声第8小節第三拍～第9小節第一拍にかけての連打音モチーフ「f♯¹－b¹－b¹－b¹」は偶発的だが、バスが一拍の時差でそれに反応する様ははなはだ敏感である。特徴的な付点四分音符～八分音符の音型は上声第一、三拍に多く振り分けられる。

後部（第12－24小節）。第一楽段（第12－18小節）はロ短調～ニ長調。ソプラノの旋律性が強まり、バスは伴奏の役に回る。前部第一楽節同様$\frac{3}{2}$、$\frac{6}{4}$の拍子交替が一小節ごとに行なわれる。第二楽段（第18－24小節）。ホ短調への転調。バスがそのトニックを冒頭と同様の手法で二小節間保持する。第21－22小節でロ短調が戻る。以下最終三小節は前部のそれに準ずる。

二つのガヴォット　$\frac{2}{2}$拍子

組曲の古典的な楽章配列としてはギャラントリはサラバンドの後に置かれるべきものだが、ここでは三つのギャラントリがサラバンドの前（ガヴォット、パスピエ）と後（ブレ）とに分配される。これらはみな二連曲（Ⅰ、Ⅱ）を成すものであり、「Ⅰ～Ⅱ～Ⅰ」の順に演奏される。

ガヴォットⅠはロ短調。書式は二声主体。ところどころ中声が補充され、和声に彩りがもたらされる。前部（第0－8小節）は単一楽段。冒頭の刺繍音動機「f♯¹－g¹－e¹－f♯¹」（a）はウヴェルチュールのアウフタクト音列に由来する。それに続く八分音符の下行テトラコルド音型「d²－c♯²－b¹－a♯¹」（b）はこののちしばしば十六分音符に短縮（b′）され、諧謔的な身ぶりをひらめかす。ニ長調終止をもってパラグラフが改まる。後部（第8－24小節）は二楽段各八小節。第一楽段（第8－16小節）はニ長調～イ長調～嬰ヘ短調。b′音型のバスへの参入が頻繁となる。第二楽段（第16－24小節）はホ長調を経てロ短調へ。音域を一オクターヴ高めての主旋律再現（第20小節～）がなされる。

ガヴォットⅡはニ長調。二部＝三楽段（各八小節）の体裁は第一ガヴォットと同様であり、そのモチーフ（上記a、b）が有効に用いられる。書式は完全な二声。上声の活動域はテノール声域の上限を出ない。前部（第0－8小節）。主旋律はガヴォットⅠと同じリズム型により開始する。b音列（順次下行四音）が二声の旋律線のいたるところに配される。前部はダイアトニックな配音を旨とする。末尾イ長調へ転調。後部（第8－24小節）。第一楽段（第8－16小節）はイ長調～ロ短調～ホ短調。八分音符楽句が活発となり、新たなモチーフ（第13－15小節、「e¹」を軸とする旋回音型）の導入で曲調が変化する。第二楽段（第16－24小節）はイ長調～ニ長調。表情ゆたかな六度跳躍句（第17小節）に刹那、上声が明るむ。しかし最終四小節でそれはふたたびテノールの音域（テスィチュル）に沈み、声色を暗めてニ長調終止に落ちる。

二つのパスピエ　$\frac{3}{8}$拍子

「フランス風序曲」の三拍子ギャラントリのために、バッハが鄭重なメヌエットでなく瀟灑なパスピエを起用したのはまことに絶妙の采配であった。

パスピエⅠはロ短調。二部、四楽段（各八小節）。書式は楽段ごとに変化する（四声～二声）。前楽章ガヴォットに示された順次下行四音のモチーフが随所に現われる。前部（第0－8小節）は単一楽段。四声書式は管弦楽総奏（トゥッティ）の響きを想わせる。転調は行なわれず、主調半終止に句点が打たれる。後部（第8－24小節）。第一楽段（第8－16小節）は二声書式を基本とする。ホ短調～ニ長調。第二楽段（第16－24小節）は基本三声。イ長調～ロ短調。第三楽段（第24－32小節）は前部の再現部。

パスピエⅡはロ長調。二部、三楽段（各八小節）。書式は三声に統一され、そのアンサンブルは多くの場面で中音域に密集する。前部（第0－8小節）は単一楽段。主旋律は八分音符のなだらかな上行音階による。第二楽句（第5－6小節）でそれがアッポジャトゥーラの装飾をまとう様が微笑ましい。バスに保持されるペダル音はコルヌミュズ（バグパイプ）の延音を髣髴させる。転調は行なわれず、主調半終止をもって句点。後部（第8－24小節）。第一楽段（第8－16小節）では嬰ヘ長調に始まる主旋律（原型）が嬰ハ短調～嬰ト短調へと歌いつながれる。第二楽段（第16－24小節）では主旋律（装飾型）が嬰ヘ長調に発したのち、ロ長調への穏やかな結着を果たす。

サラバンド　$\frac{3}{4}$拍子

厳格な四声書式、重いフレーズの運び。「第五イギリス組曲」や「第三パルティータ」の軽快なサラバンドと引き較べるに、バッハがこの舞曲に託した表現の幅の広さを改めて感じずにはいられない。彼にとって踊りは単なる肢体の運動ではなく、深い思考や豊かな感情を伝える芸術にほかならなかった。

前部（第1－12小節）は単一楽段。十二小節に及ぶ主旋律（ソプラノ）は特定の音型に則することなく次々と新たな楽想を繰り出し、これが四声書式とは思われぬほど起伏に富んだフレーズを自由に操って感情の抑揚をつぶさに歌いあげる。当初両外声に呼応される「♩　♪♪」のリズム動機（a）に舞曲サラバンドの面影がやどるが、バッハはこの動機への執着を好まぬようだ。ロ短調より嬰ヘ短調へ。終止部分（第10－12小節）のソプラノの旋律線は作者の高雅な楽想を伝えて余りある。

後部（第13－28小節）。第一楽段（第13－20小節）。新たな旋律（四分音符跳躍～十六分音符順次下行四音）（b）が外声（ソプラノ～バス）に追奏される一方で、内声（テノール～アルト）に十六分音符の順次進行的フレーズが反進行的に追奏される。ロ短調よりホ短調へ。第16小節でa（バス）が瞬時、言及される。第17小節以降四小節間、十六分音符の動きが止み、八分音符主体の穏やかな歩みがト長調終止へ向かう。第二楽段（第20－28小節）。bがバス～ソプラノ～テノールに導入され、ロ短調が戻る。バスに再度b（第23－25小節）。最終四小節ではロ短調終止へ向かう八分音符の歩みに悲壮感がこもる。

二つのブレ　$\frac{2}{2}$拍子

二曲はともにロ短調で、シンプルな二声に書かれる。ブレⅡ（piano）の演奏に際してバッハはリュートの音栓による音色の変化を愉しんだもののようだ。

ブレⅠは明快かつ簡潔。主旋律は基本的に上声にあるが、楽句の運動量や対話の形勢を観れば両声の関係はほとんど対等といえる。前部（第0－12小節）は二楽節より成る。第一楽節（第0－8小節）はロ短調～ニ長調。第二楽節（第8－12小節）は針路を翻して嬰ヘ短調へ。後部（第12－24小節）は三楽節より成る。第一楽節（第12－16小節）はロ短調～イ長調。第二楽節（第16－20小節）はニ長調を経てロ短調へ。第三楽節（第20－24小節）には前部第二楽節の内容が反映される（第8－10小節上声音列が反転されて第21－23小節の下声となる）。

ブレⅡは抒情的な旋律傾向を有し、リズム・音域の変化に富む。ブレⅠの音域は上声十二度、下声十四度であったのに対し、ブレⅡのそれは上声十五度、下声二十度と広い。十六分音符のグルペットをおびた副楽想（第5小節等）は「平均律曲集 第Ⅱ巻」のロ短調プレリュードを想わせもしよう。主旋律はもっぱら上声にあり、下声はその伴奏に回る。前部（第0－12小節）は単一楽段＝二楽節。第一楽節（第1－4小節）。主旋律はアルトの声域に示され、いくぶんくすんだ声色に古雅なメランコリーを湛える。その長音または休止部分に下声が間歇的な分散和音句を奏で添える。第二楽節（第4－12小節）。右手の音域が高まり、十六分音符の副楽想により声色が明むむ。両声を一筋のラインにつないだシークエンスがイ長調を経て嬰ヘ短調に到る。後部（第12－28小節）は二楽段。第一楽段（第12－20小節）で上声主旋律は連続的な八分音符楽句に変容し、やがて副楽想をも交えてイ長調の終止に臨む。この間下声は四分音符主体の伴奏に徹する。第二楽段（第20－28小節）。主旋律の再現にニ長調～イ長調～ロ短調という転調が巧みに適合される。下声分散和音句のフレーズは非間歇的となり、音楽の推進力を強める。最終四小節は前部のそれに准ず。

ジグ　⁶⁄₈拍子

二声書式、⁶⁄₈拍子、付点リズム主体の律動というスタイルは《ゴルトベルク変奏曲》第七変奏のそれと同類である。この瀟洒で詩的な性格は、三声多声書式を採るケースの多いフランス風ジグはもとより急速・奔放なイタリア風ジガとも趣を異にするものだ。もっとも「ゴルトベルク」第七変奏の楽想が第一拍を起点としたのに対し、当ジグは「十六分音符～八分音符」のアウフタクトに開始する。その点でこれは「第二フランス組曲」のジグ（⁹⁄₈拍子）の音楽の文体により近いものともいえよう。このアウフタクト二音はその方向を二度上行、二度下行（時には三度下行）と随時変化させ、また三十二分音符滑走音の変形（ヴァリアント）を導入して、華奢な旋律線に舞踏的な悦びを添える。

二声はともに旺盛な発言力を持つが、主旋律はおおむね上声に見出される。両声の対話はリラックスしたもので、バッハは厳密な模倣追奏や音列反転等をあえて避けたかのようである。

前部（第0－16小節）は単一楽段。第一楽節はロ短調に終止。第二楽節は上声付点リズム句の連鎖のうちにニ長調より嬰ヘ短調へ転調。第三楽節では上声が滑走音の洒落気をおびる。第四楽節では両声に付点リズム句が配当され、嬰ヘ短調終止を前にコリオグラフィックの身ぶりが華やぐ。

後部（第16－48小節）。第一楽段（第16－28小節）。三楽節（各四小節）は前部第一～第三楽節の内容に准ず。ロ短調～ホ短調～ニ

長調。第二楽段（第28－40小節）もまた三楽節（各四小節）より成る。第一楽節では両声に付点リズム句が配当される。ロ短調へ。第二楽節では上声に新たなリズム型（八分音符～四つの十六分音符）が現われる。第三楽節はロ短調終止に臨むもそれは未遂（偽終止）。第三楽段（第40－48小節）はコーダである。下声に発した滑走音句が上声に渡る。下属調変位やナポリ六度等の諸変化音、および諸七度和声の響きに緊張が高まる。六声を動員してのクライマックス＝減七和音の延引（第45－46小節）から、満を持してのロ短調終止へ。

エコー　²⁄₄拍子

本来なら前曲ジグをもって組曲は終るべきところであった。が、バッハはその後に規格外の一曲を付け加える。「エコー」という名の、この魅惑的な小品を。——

これが後奏曲（ポストリュード）の役割を担う存在であることは確かだが、さりとてそれは壮麗な「ウヴェルチュール」と対応して全曲の外枠を成すほどの質実をそなえた作品ではない。そもそもこの「エコー」という風変りな命名は何であろう？

単純に考えればそれは特徴的なモチーフの数々が二段鍵盤の音色の対比のうちに諸声に反響しあう様を表わしたものであろう。が、多少の穿（うが）ちをもって観れば、既出楽章の楽想（クラント、ブレⅠと旋律線近似）や気風を反映する作、という解釈もできなくはない。ともかくも「エコー」という語のどこかもの哀しくひんやりしたニュアンスはこの音楽の性格をこの上なく的確に表わしている。

私はこの「エコー」の姉妹作として、調性、拍子を同じくする「第二管弦楽序曲 BWV 1067」の終章「バディヌリ」*9を想い浮かべる。かの「バディヌリ」同様この「エコー」もまたバッハの冗談——言い換えれば、欠けることなく完結している組曲の最後にあえて「蛇足」を書き足すことへの自嘲——ではなかったか？　それにしても何と美しい蛇足を彼は書き足したことであろう！　それを彼が自嘲したとすれば、それは何と誇り高き自嘲であろう！　バッハの全クラヴィーア組曲の最後を飾る一曲として、この「エコー」に優るものがあろうか？

器楽合奏様式を模した書式は最大六つの声部を起用するが、その中心となるのは二～四声のアンサンブルである。

前部（第1－32小節）。第一楽段（第1－13小節）。主旋律は冒頭小節に八分音符（～八分休符）の明瞭な音節分割（スカンシオン）を示す。次いでダクティル格のリズム（♩♫）が支配的となり、奏楽が賑わいを増す。第5、7小節の非ダクティル型リズム（二つの十六分音符～四分音符）への弱奏指示（piano）は機知に富む。第二楽段（第13－22小節）は嬰ヘ短調による主旋律呈示からダクティル句のシークエンスへ。第三楽段（第22－32小節）。いささか無躾（ぶしつけ）な上三声の八分音符密集和音句（forte）とソプラノの音階句（piano）との対比交替に冗談の才気が迸（はとばし）る。バスに十六分音符走句を敷いた三声の推移節（第26－29小節）にそこはかとない哀愁が漂う。フレーズを強弱（piano／forte）の断片に裁（た）ち刻む奇想的な振付（第29－31小節）から嬰ヘ短調終止へ。

後部（第33－72小節）では主旋律に長調の陽気な音調がもたらされる。第一楽段（第33－45小節）（ニ長調～ト長調）、第二楽段（第45－54小節）（ト長調～ホ短調）はそれぞれ前部第一、第二楽段に対応する。第二楽段ではアルト主旋律（ト長調）に際しソプラノがド

ミナント「d²」のペダルを保持する。第三楽段（第54-72小節）は前部第三楽段に准ずる。新たに挿入される第58-65小節部分では八分音符密集和音（forte）と音階句（piano / forte）とが切迫（第58-61小節）したのち、テノールが最後の主題呈示（ロ短調）に出る（第62-65小節）。背後に掻き鳴らされるアルベルティ風分散和音（ソプラノ）——この陳腐さも、さてはバッハの計算のうちか。

イタリア風協奏曲 ヘ長調
BWV 971

作曲時期：1734年。
初版：1735年、「クラヴィーア練習曲 第二部」としてニュルンベルク、
　　　ヴァイゲル社より。

《イタリア風協奏曲》は《フランス風序曲》とともに「クラヴィーア練習曲 第Ⅱ部」を成す作品であるが、これら二作の楽想に共通点は認められない。「協奏曲」と「組曲」という異なる様式、そうして「ヘ長調」と「ロ短調」という最遠隔の調関係が物語るように、バッハはあえてそこに強いコントラストをもたらしたものと考えられる。

原題 Concerto nach Italiaenischem Gusto を正確に訳せば「イタリア風趣味による協奏曲」。この「趣味（ゲスト）」という語の意味は多岐に亙るが、ここでは「書法（マニエール）」と同義としてあくまで楽式的に解釈すべきであろう。「半音階的幻想曲とフーガ」がドイツのオルガニストの伝統に根差した作品、《フランス風序曲》がフランスのオペラ＝バレエの序曲とクラヴィーア組曲とを統合した作品であるのに対し、《イタリア風協奏曲》は文字通りイタリアの合奏曲様式に立つ作品であり、いわゆる「コンチェルト・グロッソ」のコンセプションを独奏鍵盤楽器に翻訳すべくバッハは彼の意匠を凝らしたのである。

もっともこうした試みは《イタリア風協奏曲》で初めて行なわれたわけではない。ヴァイマル期（1708-1717年）にヴィヴァルディやマルチェッロらの協奏曲をハープシコード独奏用に編曲（BWV 972-987）した経験がバッハのイタリア趣向のいわば事始（ことはじめ）であり、この経験がケーテン～ライプツィヒ期の《ブランデンブルク協奏曲》《ヴァイオリン協奏曲》《ハープシコード協奏曲》等の確乎たる基盤となった。

ここで興味ぶかいのは、ヴァイマル時代の協奏曲編曲と同趣向の《イタリア風協奏曲》が、順序としてケーテン～ライプツィヒ期の管弦楽作品（《ブランデンブルク協奏曲》《ヴァイオリン協奏曲》《管弦楽序曲》等）よりも後に位置する事実である。これはすなわち、《イタリア風協奏曲》が単に先人のコンチェルト・グロッソ様式の模倣の路線にあるものではなく、バッハ独自の管弦楽創作の経験から得た創意を反映したものであることを意味している。かくしてバッハは「管弦楽伴奏なしの協奏曲 Concerto sans orchestre」[*10]という19世紀の器楽理念の魁（さきがけ）となり、ピアノ音楽の豊かな将来を約束

したのであった。

《イタリア風協奏曲》の誕生に二段鍵盤ハープシコードの存在が大きく寄与したことは確かである。バッハがこの楽器の可能性に対して無関心であろうはずもなく、優れた表現手段を得た彼のクラヴィーア音楽はこののち表現・技法の両面に愕くべきパースペクティヴの拡がりを見せる。《フランス風序曲》も二段鍵盤ハープシコードを想定した作品であるが、二つの鍵盤の使い分け（forte / piano）（この指示に関しては《フランス風序曲》の項を参照）はこの《イタリア風協奏曲》においてよりいっそう頻繁に指示される。ここで考慮すべきは「forte / piano」が実際の協奏曲における「tutti / solo」を喚起するという点である。これを手掛りに私たちはバッハが一台のハープシコードに託したシンフォニックな表現を解読し、それを現代のピアノによって活き活きと再現させなければならない。その際いくつかのトランスクリプションがなされることは自然であり、それは「原典尊重」の精神に反する行為ではない。当版第一楽章最終四小節の校訂はそのささやかな一例である［「註解」参照］。経験を積んだ奏者にはこれをヒントにピアニスティックなヴァージョンを独自に創ることを奨めたい。

第一楽章　ヘ長調　$\frac{2}{4}$拍子（Allegro）

第一楽章はいわゆるリトゥルネル形式によるものだが、それを「tutti（forte）～ solo（piano）」の循環的プランに単純に図式化することは難しい。そこでこの楽章の楽想をルフラン（R）とクプレ（C）とに分けることにしよう。ルフランは forte に奏されることでトゥッティの響鳴を喚起し、ことに冒頭にあっては多数の声部を参加させて交響的威風を誇示する。クプレは piano / forte の組み合わせ、もしくは piano のみで奏され、表情ゆたかなソロのニュアンスを示す。クプレは三種類（C1～C3）あることから、当楽章のパラグラフ（楽段）のプランは「R-C1-R′-C2-R″-C3-R‴-C2′-R」と整理される。ただしC3が経過的であり、かつR‴が一つの楽段を成すには短かすぎるため、「R″-C3-R‴」を「R″」として「R-C1-R′-C2-R″-C2′-R」と観るのがよかろう。これは第一部「R-C1-R′」、第二部「C2-R″-C2′」、第三部「R」という三部分構成として俯瞰することで、解釈の見通しがさらに良くなる。

第一部「R-C1-R′」（第1-90小節）。ルフラン（R）（第1-30小節）は壮麗なトゥッティに開始する。八分休符を置いて弱拍に開始する主旋律頭部のリズム（八分休符＝三つの八分音符）（a）はこの楽章の「鍵」となるものである。それは早速第2-3小節の左手伴奏部に下行三度音程音列（a′）として活用される。和声進行はプラガル（S-T）の型による。これにともなうミクソリディアンの変位「e♭²」（第3小節）は個性的であり、それはこの楽章における変種調志向（変ロ長調、ト短調）の要因ともなる。主楽節（冒頭八小節）に続く副次楽想節（第8-14小節）では十六分音符の細動が奏楽を賑わせ、かつシンコペーションによるリトミックの変化がもたらされる。ドミナント「c」をバスとする嬉遊節（第14-28小節）で書式が二声に略され、モチーフa′のリズム縮小（バッハ自身のスラー記号が施される）が上声に、リズムaの変奏（ダクティル格）が下声に配される。偽終止（第27-28小節）ののち終止（第28-30小節）を仕切り直す方式はバッハにおいて馴染みぶかいものだ。

第一クプレ（Ｃ１）（第30－53小節）がソロ部に相当することは書式、強弱、音域等様々の特徴から明らかである。書式は三声。バッハは右手（上声）の新旋律を *forte*、左手（中声＋下声）の伴奏を *piano* としたが、それは二つの鍵盤の音色対比によるソロと管弦楽との遠近感を暗示するものと理解される。前楽段（第30－42小節）。低音域を欠く軽快な音調。規則正しい八分音符の刻みの上に奏される旋律はやはりミクソリディアンの変位（第31小節「e♭²」）をおびつつも、抒情的かつ装飾的な動向によってルフラン主題との対比を明確なものとしていく。後楽段（第42－52小節）はハ長調。三声の呼応が活発となり、各種変化音に波立つ音調がやがてハ長調終止に収束してトゥッティの再来を迎える。

ルフラン（Ｒ′）（第53－90小節）はハ長調に始まり、下属調転調（ヘ長調〜変ロ長調）を経てニ短調に到る。第61－72小節には新たな副次楽想が導入される。第67－69小節における両手への *piano* 指示は、ルフランといえどもつねに一様の強奏とはしないバッハの柔軟な発想をうかがわせる。第73－90小節は第13－30小節に准じ、ニ短調終止を結する。

第二部「Ｃ２－Ｒ″－Ｃ２′」（第90－163小節）。第二クプレ（Ｃ２）（第90－102小節）ではトリルをともなう刺繍音音型が呈示される。第96小節以降書式は二声となり、起伏とリズム変化に富んだ対位のうちに変ロ長調への優雅な転調がもたらされる。

ルフラン（Ｒ″）（第102－146小節）は変ロ長調。しかしそれはフレーズの完結を待たずして推移節（第106－112小節）〜嬉遊節（第112－129小節）へと移行する。この間下声は連続的な十六分音符の走句を休みなく奏でる。第116小節でヘ長調が定まり、バスにドミナントのペダル「Ｃ」音が据えられてトニック解決への期待が高まる。その解決とともに新たな楽想（Ｃ３）が現われる（第129－139小節）。それは「上声旋律：下二声（左手）八分音符和音伴奏」の書式においてＣ１と類似するものだが、六度転回和声の連鎖による柔らかな音調がより流動的・経過的な性格を表わしている。ルフランのモチーフが経過的に言及されたのち（ヘ長調〜ハ長調）（第139－146小節）、第二クプレ（Ｃ２′）（第146－163小節）がハ長調により再現される。

第三部「Ｒ」（第163－192小節）はルフランの完全再現。これによりこの楽章のフォルムは堅乎なルフランの外枠（フレーム）を得る恰好となる。

第二楽章　ニ短調　$\frac{3}{4}$拍子　Andante

これはバッハがクラヴィーアのために書いた最も美しい旋律の一つである。彼が偉大な旋律作家であった事実は幾多の声楽作品の実証するところであり、高度な対位法・和声法の滋養により育まれたその優れた意匠はことに彼の後期クラヴィーア独奏曲のここかしこに魅力的な花を咲かせることになる。「平均律曲集 第Ⅱ巻」の嬰ハ短調プレリュードや《ゴルドベルク変奏曲》第二十五変奏などに聴かれる旋律法（メロス）の美——その高い集中力と芯の強いロマンティシズムの香気——は、もはや「バロック」というパラダイムの中に収まるものではない。私たちはそこにベートーヴェンのアダージョの、またはショパンのノクチュルヌの先駆を見るのである。

曲は二つのセクションより成る。両者は明快な対応関係にある。

第一部（第1－27小節）。「3＋9＋15小節」（三楽段）という奇数小節構造は、つねづね偶数小節による楽節構築を旨とするバッハに

は異例の手法である。弦楽合奏を想わせる左手の導入奏（イントロダクション）（*piano*）（第1－3小節）。その三小節という非対称的寸法を不自然と思わせぬところにバッハの非凡な手腕が感じられる。その左手の音型——第一拍上拍と第二拍下拍とを低音（単音）で刻み、第二拍上拍より第一拍下拍にかけてバス＋テノールの二声に三（六）度平行の順次音列楽句を渡す定型——は、パラグラフ末尾部分の例外を除いてこの第二楽章全体に不変に保たれる。この左手オスティナート音型は単なる伴奏というものでなく、これ自体が充分に旋律的な楽想として独立するものである。極言すれば、右手主旋律をこの左手楽想への装飾的対旋律と見ることさえ不可能ではないのだ。

第一楽段（第4－12小節）。高音域、モルデントをおびた「a²」音の張りつめた一声に主旋律（*forte*）が歌い出される。装飾音を美麗にまとった旋律が明暗の光彩の中、精妙な切分音の揺動を得てしなやかに宙を舞い進む。短音階第六音の柔軟な変位（第10小節に偶成される「b♭（左）／b♮¹（右）」の対斜を吟味せよ）はバッハの音感の先進ぶりを物語って余りある。バスは最初の五小節（〜第8小節）までトニック「d」に固定されるが、その後順次的にドミナント「A」まで下行しニ短調終止に及ぶ。

第二楽段（第12－27小節）はヘ長調に転じ、音調が明るむ。変化音を持たぬダイアトニックなメリスマが牧歌的抒情を歌う。主旋律は俄然その活動音域を広くし、音階や跳躍の素材を存分に駆使する。バスは五度進行のシークエンスをなし（第12－16小節）、第19小節よりヘ長調のドミナント「C」の保持に入る。その重い錨（いかり）からの解放を希むかのように上声は高みを欲し、ついには当時のクラヴィーアの最高音「c³」にまで登りつめて（第22－23小節）緊張の極点を示す。その後徐々に上声が中音域へ降下し、和やかな三声のアンサンブルによりヘ長調終止が結ばれる（第26－27小節）。

ニ短調を仕切り直して第二部（第28－49小節）が始まる。二楽段はやはり「17＋5小節」という奇数小節の仕立による。第一楽段（第28－45小節）は第一部三楽段を綜合した内容。すなわちバスが当初トニック「d」を保持（第28－31小節）したのち、五度進行（第31－37小節）を経てドミナント「A₁」のペダル保持（第37－44小節）に到る。主旋律は第一部第一楽段を切りつめかつ変奏した形となる。シンコペーションの強調（第31－33小節）が音楽に彩りを添え、バスと短九度音程をなすところの「b♭²」音がしばしば旋律の表情を悲痛に歪ませる。

第二楽段（第45－49小節）はコーダである。バスのトニック「D」の重い拍動を背景に、主旋律は様々の対斜的変化音（「e♭²／e♮²」、「c♮²／c♯¹」、「f♯¹／f♮²」、「b♭²／b♮¹」）を表わし、表情の彫りを深める。バスへのクロマティズム（第48小節）はさながら辛苦の呻き（うめき）に似る。主旋律の顫音（トリル）と、また半拍の掛留による内声の終止（ルタール）と相まって、それはメランコリーの色をいやが上に深くする。

第三楽章　ヘ長調　$\frac{2}{2}$拍子　Presto

かつて音階という素材がこのフィナーレにおけるほど輝かしい歓喜と力強い意気を表わしたことがあっただろうか？　この楽章は音階の「線」の織りなす豊麗な交響楽にほかならない。それは後年モーツァルトの筆に成るあまたのアレグロ＝フィナーレの原点であるかのようだ。

ルフラン（Ｒ）と二つのクプレ（Ｃ１、Ｃ２）との回旋構造は第

一楽章のそれと似る。Ｒはつねに*forte*と指示され、Ｃ１、Ｃ２においては*forte*／*piano*の対比が求められる。本書では終止定型（第23－24小節初出音型）を目印に全体を六部に区分する。書式は二声～四声。

第一部（第1－24小節）はルフラン呈示部（Ｒ）。ヘ長調。主旋律（第1－5小節）～第一嬉遊節（第5－13小節）～主旋律（第13－17小節）～第二嬉遊節（第17－23小節）～終止句（第23－24小節）と整理される。主旋律は八分音符の上行音階句と二分音符＋四分音符の順次下降句との反進行の対位により形成される。この反進行は当楽章の線的構造の主たる書法だが、バッハはそれに対立するところの平行（パラレル）の書法にも熱心であって、第二嬉遊節や後出第一クプレ（Ｃ１）にその実例が観られる。第一嬉遊節（三→二声）は起伏に富むのに対し、第二嬉遊節（三声）はなだらかな波状の動きを見せる。

第二部（第25－76小節）は第一クプレ（Ｃ１）とルフラン（Ｒ）を擁する。Ｃ１（第25－65小節）には都合四つの楽想（Ｃ１ａ～Ｃ１ｄ）が確認される。Ｃ１ａ（第25－32小節）では八分音符を主体とする楽想（*piano*）と四分音符主体の楽想（*forte*）とが平行対位する（前者がより旋律的であるのにもかかわらず、バッハはそれを*piano*としている）。この*piano*楽想におけるミクソリディアンの「e♭²」音は第一楽章のルフラン主題との関連をほのめかすものだ。Ｃ１ｂ（第32－38小節）は音階句を両声に反響させつつ鮮やかな反進行を織りなし、ハ長調への転調を果たす。Ｃ１ｃ（第38－45小節）はハ長調属七和声を基盤とし、両声がその和声音の内部転位を行なう。Ｃ１ａの再現（第45－52小節）ののちに来るＣ１ｄ（第52－65小節）は三声を起用し、合奏曲的な華やぎを高める。バスのドミナント・ペダル（第59－64小節）の緊張がみちて、Ｒ（第65－76小節）がハ長調で再現。ここでは第一嬉遊節が割愛され、主旋律～第二嬉遊節～終止句という短縮プランが取られる。

第三部（第76－104小節）は第二クプレ（Ｃ２）とルフラン（Ｒ）を擁する。Ｃ２（第76－93小節）は二声書式（両声とも*piano*）。前半八小節は上声八分音符、下声四分音符の分散和音句による即興的弾奏である（ヘ長調～変ロ長調）。後半八小節はニ短調。属七系和声の延引の中、下声に順次音列主体の楽句が長く繰り出される。ニ短調主和音への終止とともに二声は*forte*に改まり衝撃的な反進行音階を放つ（第92－93小節）。Ｒ（第93－104小節）はニ短調によるルフラン再現（主楽節～第二嬉遊節～終止句）。ここでは主旋律が下声に転位する。

第四部（第104－150小節）では第一クプレの三楽想（Ｃ１ｂ、Ｃ１ｃ、Ｃ１ｄ）とルフランのモチーフ（Ｒ）が「Ｃ１ｄ～Ｒ′～Ｃ１ｄ～Ｒ′～Ｃ１ｂ～Ｃ１ｃ～Ｒ」の順に連なり、ソナタ展開部に似たセクションを成す。Ｃ１ｄ（第104－113小節）では三声アンサンブルの緊張が高まる（ニ短調～ヘ長調～変ロ長調～ト短調）。Ｒ′（第113－117小節）はルフラン主旋律四小節のみの呈示（変ロ長調）。Ｃ１ｄ（第117－123小節）でニ短調が戻る。Ｒ′（第123－126小節）はルフラン主旋律のみの呈示（ニ短調）。Ｃ１ｂ（第127－132小節）は二声（ニ短調～イ短調）。イ短調属七和声上のＣ１ｃ（第132－139小節）は第二部において二声書式であったものが、ここでは三声に展開される。Ｒ（第139－150小節）はイ短調によるルフラン再現（主旋律～第二嬉遊節～終止句）。

第五部（第150－187小節）は「Ｒ′～Ｃ２～Ｃ１ａ～Ｃ１ｄ」。Ｒ′（第150－155小節）はルフラン主楽節のみの呈示（イ短調～ヘ長調）。その頭部において、三オクターヴを超える上行音階を四声がリレーしてヘ長調を戻す様は痛快なることこの上ない。Ｃ２（第155－166小節）は変ロ長調～ハ長調～ヘ長調。Ｃ１ａ（第166－174小節）は下声開始部分（第166－168小節）にルフラン主題の面影をやどす。Ｃ１ｄ（第174－187小節）は第二部のＣ１ｄに准ずる。

第六部（第187－210小節）は第一部（Ｒ）の再現。左手パートにバッハの施したさりげないヴァリアント（第194－196、209－210小節）——それは彼が奏者に送ったウィンクのようだ。

半音階的幻想曲とフーガ ニ短調
BWV 903

作曲時期：1720年頃（1730年頃改訂）。

初版：1802年、ライプツィヒ、ホフマイスター＆キューネル社。

タイトルにある「半音階的」の語は写譜者によって加えられたものと推察される[*11]。オリジナルの命名はおそらく「幻想曲」および「フーガ」というシンプルなものにすぎなかったであろう。この写譜者の行為はしかし、咎めだてするには及ばない。《半音階的幻想曲とフーガ》——この名は形容詞を好む人間心理に然るべく作用して、作品はたちまち人口に膾炙した。バッハ自身、その作曲に際して「半音階的」というコンセプションをある程度懐いていたのに違いない。が、それが具体的にどのような作曲技法として意図され、あるいはどの程度の優位性をもって創作に作用していたかという問題について、私たちは考慮する必要があろう。

「幻想曲」におけるクロマティズムは単に或る声部の音列を半音階に規定するというものでなく、異名同音的（エンハーモニック）な和声法を統べるところの高次の理念である。一方「フーガ」は主題冒頭部に明白な半音階音列を示すが、主題後部や対主題、嬉遊部は必ずしもクロマティックの趣旨によるものではない。フーガ全体に占めるクロマティズムの割合はかなり低いとさえいえる。《半音階的幻想曲とフーガ》というタイトルはあたかも作品全体が一様に半音階音列に基づいて構築されたかのような印象をもたらすが、実際はそうではない。

重視すべきは、このディプティクの性格が「半音階的」である以上に「即興的」である事実だろう。「半音階的」という語の放つ論理的な印象は実はこの作品の気風と相容れない。この作品の性格にふさわしい形容詞を挙げるなら、それはラプソディックであり、パセティックであり、ドラマティックであり、ロマンティックである。いうなればそれは音楽史上最大の即興演奏家の一人であったバッハの奔放にして人間味あふれるインプロヴィゼーションの感動的な記録にほかならない。ヴァイマル期のオルガン曲には多くの類例があるが、ケーテン期以降のハープシコード曲にあってこれほど即興演奏的な作品は珍しい。1720－1730年代、バッハは「平均律曲集」において彼の作曲理法の体系を完成させつつあった一方で、かくも生々しいパッションの変幻を記譜することをも怠らなかったのだ。

《半音階的幻想曲とフーガ》の作曲年の特定は難しい。が、1719年3月に新しいハープシコードを購入したバッハが、その楽器の優れた性能に見合うヴィルトゥオーゾ的作品を書いたことは間違いない。その中にこの作品や「ブランデンブルク第五協奏曲BWV1050」（ハープシコードの華麗なソロ＝カデンツァを持つ）が含まれたものと考えられる。《平均律曲集》のように、いくつかの同趣向のディプティク*12を集めて曲集を編む可能性もあったはずだが、バッハはこれをあくまで単独の作品のままに処した。が、彼はその当初の仕上りに満足せず、若干の手直しをライブツィヒ期に持ち越して1730年頃、改訂稿の完成に及ぶ。一時は彼の息子（フィリップ・エマヌエルまたはヴィルヘルム・フリーデマン）の作と疑われたこともあったようだが、それはありそうにない話である。幻想曲の転調技法やアルペジオ、レチタティーヴォの書法、またフーガ終盤の展開法は、ヴァイマル期のオルガン作品によって鍛え上げられた大バッハならではの強靭なドラマトゥルギーの骨格を誇るものであり、息子らの前古典派優美様式とは徹頭徹尾、異質のものであるから。この（悲）劇的な性格に与って、《半音階的幻想曲とフーガ》はリスト、タウジヒ、ビューローら19世紀ロマン派のヴィルトゥオーゾの最も愛奏するバッハ作品となった。が、20世紀後半以降、この作品はかつてほど頻繁には演奏されなくなった感がある。

その理由は「幻想曲」の奏法（レアリザシオン）の問題に見出されるかも知れない。バッハは当時の慣習として、アルペジオ部分を単純和音によって「略記」した。奏者はそれを独自に分散（アルペジェ）し、その音列を工夫し、現代のピアノに相応しい音域に拡大し、音楽的に統辞かつ修辞しなければいけない。が、残念なことにこうした即興演奏の芸術は20世紀の最後の数十年間に急速に衰退したのである。ビューロー、ブゾーニ、ザウアーら往年の名手は彼らの芸術的なレアリザシオンを譜面に残したが、それは一字一句正確に模写すべき手本ではない。私たちは彼らの解釈を参考に、演奏のつどオリジナルなレアリザシオンをみずから創る必要がある。この作品の本質というべき即興的気象はこのような奏者の創意を前提としている。

かような即興の至芸をバッハはラインケン*13やブクステフーデ*14といった先人たちから学び取った。ことに後者の影響は大きく、それはこの《半音階的幻想曲とフーガ》の北ドイツ的な性格（とりわけフーガにおける旋法性（モダリテ））の所以とも見なされる。

幻想曲　ニ短調　4/4拍子

ブゾーニはこの幻想曲を四部より成るものと見なし、それらを「トッカータ、コラール（アルペジオ）、レチタティーヴォ、コーダ」と題した*15。この解釈ではクラヴィーア（第一、二部）と声楽（第三、四部）という、異なる様式（スタイル）の対比が注意される。

第一部（第1－33小節）。音階、分散和音、トレモロ等、多種多様のモチーフがラプソディックに散りばめられる。それらを両手がかわるがわる取りあう奏法は、遠くリストやラフマニノフのピアニズムを預言するかのようだ。冒頭二小節の音階的な旋風が音楽の奔放な気象を印象づける。第3－20小節では三連十六分音符の規則的分拍がなされ、音列は分散和音的となる。半終止（第20小節）ののち、冒頭の音階句が復帰する。第27小節以降の書式は分散和音となる。

第二部（第34－49小節）は分散和音主体のセクション。ホ短調～

ニ短調～イ短調～変ロ短調～ト短調～ニ短調～イ短調と、諸短調を渡り歩く転調法もさることながら、各種七度和音、アッポジャチュル、ペダル音などの自在な活用はバッハの和声理念の愕くべき進歩性を物語る。

第三部（第49－75小節）はレチタティーヴォ部。この「幻想曲」は明瞭な音型による主題を有するものではないが、当レチタティーヴォに頻出する短二度（半音）下行の女性終止音型（a）は主題と言わぬまでもこの作品の「鍵」のモチーフとして記憶すべきものだ。短調の厳然たる支配のもと、剣呑な気色をおびたデクラマシオンがフレーズごとに調を転じ、その感情の色を刻々と変化させていく。レチタティーヴォははじめ独唱的だが、やがてアルト声部をともなうデュオとなり、また第一部の影響を受けた器楽的なパッセージへと発展して（第61小節～）、個々のフレーズを次第に長大なものとしていく。転調は大胆である。その要綱は：変ロ短調（第51－55小節）、嬰ヘ短調～嬰ハ短調（第58－62小節）、ト短調（第63－69、72－74小節）。当時のハープシコード最高音「c³」に一度ならず触れるパッセージがついにその白熱の限界に及び、ニ短調への荘厳な終止に到る。

第四部（第75－79小節）はコーダ。トニックのバスペダル上、二拍単位に短縮されたレチタティーヴォのフレーズが反復される。モチーフa（第一、三拍部分）が一オクターヴをクロマティックに下行する。導音「c♯¹」へのトリル（第79小節）――リテヌートに籠められた悔恨の響きとともにこの幻想の心象に幕が引かれる。

フーガ　ニ短調　3/4拍子

主題冒頭四音「a¹－b♭¹－b♮¹－c²」が半音階列をなすことはさして重要な観察点ではない。むしろその短三度音程上行の趣旨が、幻想曲の末尾三音「b♮－c♯¹－d¹」と対応するものである事実に注意しよう。この語尾と語頭とのささやかな脈絡によって、バッハが「幻想曲」と「フーガ」という相反する二つの面（アスペ）を縫合した事実に。

相反する面（アスペ）。――その対比は音楽の気質において明らかである。興奮し、動揺し、情熱に身を焦がす幻想曲に対し、フーガ主題はあくまで冷静かつ慎重に言葉を発する。八小節に及ぶ長い主題はクロマティックに開始するが、後半部は対照的にダイアトニックの動向を見せる。ともあれ順次音列への志向が顕著であり、それは起伏に富んだ幻想曲の諸音型へのアンチテーゼとしての意義を表わすところのようだ。なおこの主題では第1－2小節、第3－4小節にそれぞれプラガルの和声終止が確認される。このフーガの旋法的（モダル）な響きの所以である。

フーガの声数は三。曲は六つの主題呈示部と五つの嬉遊部より成る。フーガ技法はシンプルであり、主題の転回や拡大、縮小、ストレット等の特殊技法は用いられない。

第一呈示部（第1－26小節。ニ短調～イ短調～ニ短調）。導入はソプラノ（S）～アルト（R）～バス（S）。答唱（R）頭部の変応（ミュタシオン）に付点リズムを用いたバッハの着想は大胆であり、それはハンス・フォン・ビューローのような優れて理智的な解釈者をさえも困惑させたものだ*16。二つの十六分音符～八分音符のリズム（c）による対主題（CS）は厳粛な主題のレガート感と異なる趣向をもたらすものとなる。

第一嬉遊部（第26－41小節。ニ短調～ヘ長調～イ短調）は対主題動

（33）

機cにより、軽快・優美な風味を立てる。後部（第36小節～）は自由な模倣節（イミタツィオン）である。バス声部に主題の偽呈示（第39-40小節）を配するのはバッハならではの機智だ。

　第二呈示部（第41-49小節。イ短調）。アルト（S）にのみ主題呈示。対位声部（ソプラノ）にcが継起する。

　第二嬉遊部（第49-59小節。イ短調～ニ短調～イ短調）。新たなモチーフとして下行上行の分散和音句が現われる。後部（第53小節～）は十六分音符走句による二声インヴェンション風展開を見せる。

　第三呈示部（第60-83小節。イ短調～ニ短調～ロ短調）ではアルト（S）とバス（R）に主題が示される。この両者の中間においてソプラノとアルトが主題（R）の頭部を導入（偽呈示）する（第72-75小節）。これは実際よりも多くの声部の存在を錯覚させるトリックである。バス呈示（R）（第76小節～）では頭部以外にも変応がなされ、それを機に嬰種調方向への転調の気運が起こる。

　第三嬉遊部（第83-89小節。ロ短調～ホ短調）はcによる。主題に含まれる下方刺繍音音型の縮小形（第84-86小節ソプラノ等）がさりげなく言及される。バスの十六分音符楽句が緊張を高める。

　第四呈示部（第90-97小節。ホ短調）。ソプラノ（S）に主題。バスに「B」音のペダルが配される。以下第五～第六呈示部に目立つバスペダルは、クライマックスへ向けての昂揚を促す手法として効果的である。

　第四嬉遊部（第97-106小節。ホ短調～イ短調～ト短調）は第二嬉遊部に対応。

　第五呈示部（第107-116小節。ト短調～ニ短調）ではバスが「G」音のペダルを保ち、アルト（R）が主題を奏でる。ニ短調の回帰が決定的となる。

　第五嬉遊部（第116-130小節。ト短調他）は六つの嬉遊部のうち最も長いもので、そこでは第二（四）、第三嬉遊部の内容が展開される。

　第六呈示部（第131-161小節。ト短調～ニ短調）。アルト（S）、バス（S）、ソプラノ（S）に主題が配される。アルト主題を支えるトニック「d」のバスペダルはやがてモチーフcのシークエンスへと移行。同時に上二声が主題後部のフレーズを模倣追奏する（第135-140小節）。バスの主題呈示（第140-147小節）ののち嬉遊節（第147-154小節）を置いて、ソプラノに最後の主題が呈示される（第154小節～）。第158小節、ドミナントのバスペダルの緊張が満ち、バスがモチーフcを華麗に掻き鳴らす。終止直前に吹き抜ける三十二分音符の音階句（第160小節）を、ただ単に「幻想曲」の冒頭句を回想・引用したものと見なしてはいけない。それは厳粛な面持ちに開始したこのフーガがエネルギーを蓄えかつ高めた末についに獲得した感情の解放として、全霊をこめて奏すべきものだ。

最愛の兄の旅立ちに寄せるカプリッチオ
BWV 992

作曲時期：1703-1704年頃。

初版：1839年、ライプツィヒ、ペータース社。

　これは現存するバッハのクラヴィーア作品のうち、十代の彼の面影を伝える唯一のものと言ってよかろう。1704年、実兄ヨハン・ヤーコプ[*17]がスウェーデン国王カール十二世の近衛隊オーボエ奏者として赴任するにあたり、若き弟ヨハン・セバスティヤンが別れを惜しんでこの組曲を書いたというのが定説となっている。« Capriccio sopra la lontananza del suo fratello dilettissimo »（最愛の兄の旅立ちに寄せるカプリッチオ）──この曲名が、後年のクラヴィーア作品において形式的・抽象的なタイトルを重んじた作曲家と同一人物のものであるとはにわかに信じがたいところだが、そこには当時発表されたクーナウの「聖書ソナタ」[*18]の影響もあったものと考えられる。ともかくもそれはバッハ器楽におけるいわゆる「機会音楽」または「描写音楽」の稀少な例であるのに違いない。同時にこの《最愛の兄の旅立ちに寄せるカプリッチオ》［以下《カプリッチオ》］はいくつかの特定の音型による隠喩的感情表現（甘言、悲歎等）や擬音効果（ラッパ、鞭等）の見本として、《平均律曲集》を初めとする後年の「絶対音楽」の解釈に多くのヒントをもたらす存在でもある。

　《カプリッチオ》は全六曲より成る組曲だが、後年のクラヴィーア組曲と違って舞曲は含まれない。個々の楽曲は兄の旅立ちをめぐる六つの情景を音楽で描写した性格的・心理的な小品である。楽曲名を持つものは第一曲「アリオーゾ」、第五曲「御者のアリア」、第六曲「御者のラッパを模したフーガ」の三曲。第一～第四曲の頭にはそれぞれの情景が短い文章（ドイツ語）により説明されている。

　テンポ指定のあるものは第一曲 Adagio、第三曲 Adagissimo、第五曲 Allegro poco の三曲。調性は第一、五、六曲が変ロ長調、第三曲がヘ短調、第二、四曲は不確定。純音楽的視点から言えば、第一曲がプレリュード、第三曲がラメント、第六曲がフーガ様式のフィナーレとして組曲の骨格を成している。一方、第二、四曲は間奏曲、第五曲はフィナーレへの序奏と解釈される。

　《平均律曲集》や《パルティータ》、《ゴルトベルク変奏曲》等の傑作を知る私たちとしては、《カプリッチオ》の作曲法・鍵盤操法の未熟さを否定することはできない。雑然たる楽節構造、不完全なヴォイス・リーディング、非効率的な奏法、不自然な転調、二十年後のバッハであれば犯すべくもない平行五度進行の頻出、等々──。無理もない。これはいまだブクステフーデの洗礼を受ける前の、無邪気な若者の作品なのだから。とはいえこれらをことごとく「若書き」ゆえの瑕疵（かし）として大目に見ることがこの作品の演奏の条件となるとすれば、それは奏者にとって決して愉快な話ではない。が、これらを意図された「ディレッタンティズム」と仮定すれば（──実際はそうでなかったとしても──）、それはあながち不愉快な話ではなくなってくる。この譜面を手にする奏者には、モーツァルトの

「音楽の冗談 K. 522」を奏でる時のように、歪（いびつ）な楽想や無器用な作曲を奇抜な「演出」として楽しむ精神でページを開くことをおすすめしたい。「奇想曲」というタイトルはその時初めて面目躍如たるものとなるであろう。

第一曲「アリオーゾ」。変ロ長調 $\frac{4}{4}$拍子 Adagio

　説明にいわく──「彼の旅立ちを思いとどまらせようとする友人らの甘い言葉」。

　小さな重奏（唱）曲である。旋律は俗謡風であり、数々の装飾音をおびたダクティル格のリズムや、下行音程を含むアナペスト格音型（第2、3、4、6、8小節各第一拍）に、語りかけるようなニュアンスが込められる。書式は三声。うち上二声がしばしば六度平行をなし、人々がこぞって別れを惜しむ様を髣髴させる。短いフレーズは小節第一拍に句読点を打ち、八分音符により句切られる。手を変え品を変え、旅立とうとする者を引き留める優しい言葉を繰り出すかのように。

　第一楽段（第1-7小節）。フレーズの長さは平均一小節。最初の二楽句（第1-3小節）は変ロ長調、続く三楽句（第3-7小節）はヘ長調。第二楽段（第7-12小節）。ハ短調楽句一つ（第7-8小節）を置いて、変ロ長調が戻る。フレーズの長さは平均二小節。最終三小節でアンサンブルは四声となり、主和音の長い余韻に未練が残る。

第二曲。ト短調〜ヘ調 $\frac{4}{4}$拍子

　「異国で彼にふりかかるであろう様々の出来事への心配」。

　調号は「♭」であり、冒頭四小節にはト短調の趣旨が示されるが、それ以降の十五小節にト短調は二度と現われない。書式は四声。第一楽段（第1-6小節）。冒頭ソプラノに呈示されるフレーズ（主題）がアルト、テノール、バスに模倣的に追奏され、最終的に四声のアンサンブルが終止句を結ぶ。追奏は厳格なフーガ技法に従うものでなく、答唱（アルト、バス）にはハ短調が用いられる。この模倣追奏書式（ソプラノ〜アルト〜テノール〜バスの降順導入）が以下すべての楽段で行なわれる。それは旅人の身を案ずる者（きっとその家の女であろう）の発する不安の声に唱和しかつそれを慰める人々の姿も知れない。六度の陥没（「d^2-$f^{\sharp 1}$」etc.）という個性的な抑揚に心情のほどがうかがわれる。第二楽段（第6-11小節）はヘ短調〜変ロ短調。第三楽段（第11-16小節）は変ホ長調〜変イ長調〜ヘ短調。ヘ調半終止をもって場面転換となる。

第三曲。ヘ短調 $\frac{3}{4}$拍子 Adagissimo
　「友人一同の哀歌（ラメント）」。

　緩やかなバス定型の反復により変奏を連ねる書式はまもなく書かれるであろう「パッサカリア BWV 582」の前ぶれのようだ。一方で旋律を成すところの二音単位の八分音符下行句や強い起伏（六度、減七度、増四度）、またバスと旋律との両者に聴かれる下行半音階は遥か後年の「ゴルトベルク変奏曲 BWV 988」の比類なき第二十五変奏を想わせもしよう。これらの音型は歓歓や悲歓の象徴であり、それは Adagissimo という特殊なテンポ指示［「註解」参照］と相まって、若きバッハがこのページにこめた感情のひとかたならぬ重さを物語る。

　原譜の記譜はバス（一部「数字低音」（ルビ：バス・シフレ））およびソプラノ主旋律のみ。

当版でこれらは通常の大きさの音符により表記されている。それ以外の音（当版では小音符による記譜）すなわち前奏、間奏、内声の和声補充は校訂者による実施（ルビ：レアリザシオン）であり、これはエディションにより異なる。よって当版のテクストが絶対的な「正解」ではない。音楽的に進歩した奏者には、数字低音の理論に従いかつ他版をも参照しつつ独自のレアリザシオンを作成することをぜひとも推奨する。

　バス定型の長さは四小節。これが計十二回（十二楽節）、変形をおびつつ繰り返される（第二楽節以降、バスのフレーズの起点は第三拍となる）。バスの音列には次の二つの型がある。第一型は第一小節をトニック「f」、第二小節をドミナント「e♮」、第三小節第一拍をトニック「f」、第四小節をドミナント「c」とするもの。第一、二、三、九、十一楽節がこれに属する。第二型は第一小節のトニック「f」より第四小節のドミナント「c」までクロマティックな下行を示すもの。第四、五、七、八楽節がこれに属する。第六、十、十二楽節のバスは上記のどちらの型にも属さぬ、独自の音列を示す。

　第一楽節（第1-5小節）は前奏、第七楽節（第25-29小節）は間奏、第十二楽節（第45-49小節）は後奏。ソプラノ旋律は第二〜六楽節、第八〜十一楽節に示され、楽節ごとに音列を違えた変奏に処される。その多くは休止符に句切られた短いフレーズを溜息（ルビ：ためいき）のようにつなぐ恰好だが、第六楽節（第21-25小節）、第十楽節（第37-41小節）では八分音符楽句が連続的となり、高い音域にせり出でて感情の高まりを歌う。なお第十二楽節に上声の補充を行なうエディションもあるが、この部分はバスのソロによる後奏とする方により強いインパクトがあろう。

第四曲。変ホ長調〜ヘ長調 $\frac{4}{4}$拍子

　「彼を引きとめられぬと知った友人らが、さよならを言いにやってくる」。

　管弦楽風の小間奏曲である。最大で九声をも起用する重厚な和声書式が大人数の集まりを暗示する。諸声部に畳みかけられる下行テトラコルド（順次四音）のモチーフは旅立つ者の前途を祝福する言葉のようだ。

　調号は「♭」だが、調性は変ホ長調〜変イ長調〜変ホ長調〜変ロ長調〜ト短調〜ニ短調〜ヘ長調と流動的。最終三小節でヘ長調が安定する。

第五曲「御者のアリア」。変ロ長調 $\frac{4}{4}$拍子 Allegro poco

　嬉々としたファンファーレ。そのダイアトニックな配音は変ロ管のコルネットの吹奏を模したものにほかならない。それは兄の旅立ちの日の朝──停車場に馬車が到着し、出発の準備が調う。

　二楽段構造。第一楽段（第1-5小節）。主旋律（ソプラノ）では順次進行的楽句（第1-2小節）とオクターヴ跳躍楽句（第2小節）の二つのモチーフが対比的に交互する。前者にはアンサンブルが加わり、後者はソロで示される。変ロ長調〜ヘ長調〜変ロ長調。第二楽段（第6-12小節）。主旋律はバス（ト短調〜ニ短調）よりソプラノ（変ロ長調）へと移る。

第六曲「御者のラッパを模したフーガ」。変ロ長調 $\frac{4}{4}$拍子

　このフィナーレからは単にラッパの信号（ルビ：シニャル）ばかりでなく、御者の鞭や馬の蹄、馬車の車輪の音までもが聴こえてくるようだ。書式は三

声だが、ところどころ第四声の補充がなされる。転調の趣旨に乏しく、主題の大半は主調（変ロ長調）ないし属調（ヘ長調）で呈示される。また第32小節以降の主題呈示はすべて答唱（R）（頭部に変応（ミュタシオン）あり）の形で行なわれる。

第一呈示部（第1-20小節）。導入はソプラノ（S）〜アルト（R）〜バス（S）。その後ソプラノに追加呈示（S）。対主題（第5-9小節 ソプラノ初出）はオクターヴ下方跳躍句（御者の鞭音）を含む。この対主題は第三呈示部まではおおむね一定に保たれるが、二声に分割されるケース（第22-26小節、第27-31小節、第32-37小節）もある。推移節（第20-22小節）はヘ長調。対主題のモチーフによる。第二呈示部（第22-32小節）は変ロ長調〜ヘ長調。アルト（R）〜バス（S）。第三呈示部（第32-42小節）は変ロ長調。バス（R）〜バス（R）。嬉遊部（第42-48小節）では対主題由来のオクターヴ跳躍音型（下行／上行）の出現に鍵盤が賑わう。変ロ長調よりト短調へ、さらにクロマティックの推移によりニ短調へ。第四呈示部（第48-53小節）はニ短調。ソプラノ偽呈示（第48-49小節）に半小節遅れてアルトに入る主題（R）は、末尾ハ短調に転ずる。推移節（第53-55小節）で変ロ長調が戻る。コーダ（第55-58小節）。バスの主題は完遂されぬまま、結句（第56小節〜）がもたらされる。最終和音へ向けての声部増員が別れの合唱を髣髴させる。

註 ────────────────────────────────

*1 Johann Kuhnau, 1660-1722. ドイツの作曲家、オルガニスト、ハープシコード奏者。1701年より1722年に没するまでライプツィヒ、聖トマス教会のカントルの職にあった。クーナウのクラヴィーア作品はバッハに大きな影響を及ぼした。

*2 クーナウの「クラヴィーア練習曲 第I巻 Clavier-Übung, Theil 1」（1689年刊）は七つの長調の組曲（バルティータ）（ハ長調、ニ長調、ホ長調、ヘ長調、ト長調、イ長調、変ロ長調）から成り、「クラヴィーア練習曲 第II巻 Clavier-Übung, Theil 2」（1692年刊）は七つの短調の組曲（バルティータ）（ハ短調、ニ短調、ホ短調、ヘ短調、ト短調、イ短調、ロ短調）とソナタ一曲（変ロ長調）から成る。各七曲のパルティータは音階の七音をそれぞれトニックとする方式で作曲・編輯されている。

*3 1730年5月1日付のライプツィヒ新聞はその年の聖ミカエルの市（いち）にバッハが第七のパルティータをも出品する予定であることを報じている。

*4 バッハの末子ヨハン・クリスティアンはその「ヴァイオリンとピアノのための六つのソナタ op. 10」（1773年頃、ロンドンで出版）の第一作（変ロ長調）の第一楽章に、このプレルーディウムの主旋律を用いている。

*5 Allemanda というイタリア語はおそらく存在しない（仏語 Allemande を伊訳するとすれば Alemanna もしくは Tedesca）。

*6 六つの《フランス組曲》がいずれもアルマンド（ドイツ風舞曲）を持つ点に注意。これに対し《フランス風序曲》はアルマンドを持たない。

*7 ただし「クラヴィーア練習曲 第I部」の「六つのパルティータ」（変ロ長調、ハ短調、イ短調、ニ長調、ト長調、ホ短調）と「クラヴィーア練習曲 第II部」の《フランス風序曲》（ロ短調）、《イタリア風協奏曲》

（ヘ長調）の各主調（トニック）音がドイツ語の八つの音名（B, C, A, D, G, E, H, F）を無重複に網羅する事実は、バッハによって意図されたところであろう。

*8 これに関しては『バッハ鍵盤曲の解釈』（アーウィン・ボドキー著 千蔵八郎訳 音楽之友社 1976年、111-118ページ）、およびブゾーニ＝ペトリの編曲実例（*J. S. Bach : Klavierwerke, Busoni-Ausgabe, Band XIII*, Breitkopf & Härtel EB 4313）を参照。

*9 Badinerie。「冗談」の意の仏語。テレマンの組曲にいくつかの類例がある。バッハのクラヴィーア作品においては「第三パルティータ」の「スケルツォ」がこれと同類の小品といえよう。

*10 この理念は後年、シューマン「ヘ短調ソナタ op. 14 (1836)」やリスト「悲愴協奏曲 S. 258 (1865)」等ロマン派のピアノ音楽に開花を見る。

*11 1731-1735年頃作成されたと考えられる筆写譜（作者不明。「註解」原典要覧参照）には Fantaisie pour clavessin (*sic*) di Mons. Bach という一行のタイトル表記があり、chromatique の語は Fantaisie の語の下の余白に書き加えられている。その他の多くの写譜においてこの作品のタイトルは単に「半音階的幻想曲」とのみされており、「フーガ」の名は書かれていない。これは幻想曲には当然フーガが続くものという了解によるところであろう。この事実から、仮に「半音階的」の形容詞がオーセンティックなものとすれば、それは幻想曲とフーガとの双方に架るものと考えられる。

*12 《幻想曲とフーガ》イ短調 BWV 904、ハ短調 BWV 906、イ短調 BWV 944、《プレリュードとフーガ》イ短調 BWV 894、ロ短調 BWV 923 & 951 等。

*13 Johann Adam Reincken, 1623-1722. ドイツの作曲家、オルガニスト。アムステルダムでスヴェーリンクに学び、のちハンブルクでオルガニストとして活躍した。バッハのオルガン演奏を聴いた老ラインケンが「即興の芸術がいまだ死に絶えていないことがわかった」と述懐したという逸話が知られている。

*14 Dietrich Buxtehude, 1637-1707. ドイツの作曲家、オルガニスト。北ドイツのオルガン楽派の立役者。バッハは1705年から1706年にかけて、ブクステフーデの演奏を聴くためにリューベックを訪れている。

*15 *J. S. Bach : Klavierwerke, Busoni-Ausgabe, Band XIV*, Breitkopf & Härtel EB 4314.

*16 ビューローはこのバッハの手法を不服とし、変応（ミュタシオン）を拒否してアルト答唱の頭部（第9-10小節）を次のように変更する校訂を行なった（*Bach : Chromatic Fantasy and fugue, Concerto in the Italian style, Fantasy in C minor, Prelude and fugue in A minor*, Edited and Fingered by Hans von Bülow and Max Vogrich, G. Schirmer, 1896）。これはむろん許されるものではないが、バッハの独自性への反応の一例として興味ぶかい資料である：

*17 Johann Jacob Bach, 1682-1722. 作曲家、オーボエ奏者、フルート奏者。父ヨハン・アンブロジウスの没後、1704年にスウェーデンに移住するまで長兄ヨハン・クリストフ、弟ヨハン・セバスティアンとともに暮らした。

*18 原題 Musikalische Vorstellung einiger biblischer Historien（聖書の物語の音楽的描写）。1700年に発表されたクラヴィーアのための六つのソナタ集。旧約聖書の六つの場面に基づく作品で、それぞれのソナタおよびその楽章に具体的な言葉の説明が記されている。

（引用は遠山訳）

註　解

当版テクストに記されたテンポ、強弱、フレージング、アーティキュレーション、曲想（性格）等の演奏指示は原則として井口基成の校訂による。これらのうち原典に由来するものについては本項においてコメントする。

六つのパルティータ
BWV 825 - 830

【原典要覧】

初期稿：「第三パルティータ BWV 828」（欠スケルツォ）および「第六パルティータ BWV 830」（欠エール）。「アンナ・マグダレーナ・バッハの音楽帖 1725 年版」所収の自筆譜。Staatsbibliothek zu Berlin - Preußischer Kulturbesitz（以下「SBB」）、P 225。

自筆譜：紛失。

初版1：単独版。1726 年（BWV 825）、1727 年（BWV 826 & 827）、1728 年（BWV 828）、1730 年（BWV 829 & 830）。自家出版（於ライプツィヒ）。

初版2：全曲版。1731 年（「クラヴィーア練習曲 *Clavier Übung, bestehend in Praeludien, Allemanden, Couranten, Sarabanden, Giguen, Menuetten, und andern Galanterien, opus 1*」として）。自家出版（於ライプツィヒ）。初版1へのバッハ自身による加筆・修正が反映された内容。現存する初版2のいくつかのコピーにはさらなる修正の書き込み（バッハ自身によるもの、または彼の意図を伝えるもの）がある。

第一パルティータ 変ロ長調 BWV 825

アルマンド
第32 小節。右手四番目の十六分音符は初版2で「c^1」から「d^1」に改められた。

サラバンド
第20 小節。右手「$b^{\natural 1}$」（初版2）は初版1で「$b^{\flat 1}$」（♮なし）であったが、これは好ましくない。

第二パルティータ ハ短調 BWV 826

シンフォニア
Grave adagio（第1 小節）、および Andante（第8 小節）は初版2にあるテンポ指示。

第21 小節。右手の最初の三十二分音符を「$b^{\flat 2}$」とする版もあるが、これは「c^3」（初版2）が正しい。

第21 小節。初版2には右手の最初の四つの三十二分音符にスラーがかけられている。

第28、29 小節。初版2の一点（ワシントン、Library of Congress, Case Music 3233）には、第28 小節に allegro、第29 小節に adagio の指示が赤いインクで書き込まれている。これはバッハの意図を示すものと考えられる。

第30 小節。この地点へのテンポ指示は原典に不在。Allegro（当版テクスト）は適正な校訂である。

アルマンド
初版2のアーティキュレーション（スラー）は以下の通り：右手第9 - 10 小節第一および第三拍、左手第13、14 小節、右手第17、18 小節第三拍の三音、右手第21、29、30 小節、右手第22 小節最初の三音。

サラバンド
第13 - 16 小節。右手の四音単位のスラーは初版2による。

ロンド
第81 - 88 小節。この間の減速（Meno mosso）はブゾーニの解釈による（*J. S. Bach : Klavierwerke, Busoni-Ausgabe, Band IX, Partiten Nr. 1 - 3*, Breitkopf & Härtel EB 4309）。彼はまた第81 小節に *cantabile*、第86 小節に *sostenuto* の指示を記している。

第三パルティータ イ短調 BWV 827

ファンタジア
初期稿での曲名は Prélude。

第117–118小節。初期稿はこの地点で終結していた：

ブルレスカ
初期稿での曲名は Menuet。

第5、6、21、22小節。右手スタッカートは初版2による。
第10、12小節。左手スラーは初版2による。
第16、40小節。右手スラーは初版2による。

ロンド
第99–102小節。右手スラーは原典（初版2）による。

スケルツォ
初期稿にこのスケルツォは不在。

第0、1小節および類似箇所。左手の和音はアルペジオに奏するのがよい。
第28小節。第二拍の左手和音表記は「g♯」がアッポジャトゥーラとして奏されることを意味している［「演奏ノート」参照］。

第四パルティータ 二長調 BWV 828

アルマンド
第16–17小節。原註①。初版にこのタイは存在しない。

クラント
第16小節。原註①。初版には右手のタイが不在。しかしこれは補うべきものと考えられる（第40小節参照）。

メヌエット
第1、5小節。右手第三拍四分音符「g²」のスタッカートは初版2による。

第五パルティータ ト長調 BWV 829

プレアンブルム
第30小節。右手最後の十六分音符は「c♯²」でもありうる。第84小節を参照。

コレンテ
第42、44小節。左手二つの十六分音符のスラーは初版2による。

サラバンド
第0–8、16b–24小節。スラーは初版2による。

テンポ・ディ・ミヌエット
原題 Tempo di minuetta は誤綴。Tempo di minuetto が正しい。

パスピエ
第39小節。右手四分音符は初版で「g¹」とされたが、正しくは「e¹」と考えられる。ブゾーニ校訂版、ベーレンライター社原典版は後者を採用。

ジグ
第49–51小節。現代のピアノでは次のような解釈も可能であろう：

第六パルティータ ホ短調 BWV 830

トッカータ
初期稿においてこのトッカータは Prélude と題され、全百五小節に書かれていた。バッハはこれに現テクスト第74–75小節部分を付加し、かつ最終小節に先立つ七連十六分音符楽句を二小節から三小節（第105–107小節）に延長した。

第3、4、7小節。初期稿には七連音を示す「7」の数字が記入されているが、初版にそれは不在。
第9小節。左手最初の三つの八分音符のスラーは初版2による。
第11小節。右手最初の三つの八分音符のスラーは初版2による。
第23–24小節。右手スラーは初版2による。
第26小節。原典に Fuga という見出しはない。
第45小節。左手八番目の十六分音符の「♯」は初版にないが、初期稿には存在する。これは必要な変位と判断される。

アルマンド
Allemanda (sic) はバッハによる曲名表記［「楽曲解説」参照］。初期稿の曲名は Allemande。

エール
初期稿にこのエールは不在。

第8–10小節。右手スラーは初版2による。

テンポ・ディ・ガヴォッタ

第13、20、21小節。❶第13小節上声第三の四分音符拍、❷第20小節下声第三の四分音符拍、❸第21小節下声第三の四分音符拍の三箇所の三連八分音符を、♪♪のリズムに改める向きもあるようだが、この改訂の是非は慎重に考慮されなければいけない。❶、❷に関しては初期稿において♪♪のリズムに書かれていたものが初版において♪♪♪に改められている。

ジグ

初期稿は2/2拍子（¢）。すなわちすべての音符・休符が現テクストの半分の音価で記譜されていた。

フランス風序曲 ロ短調
BWV 831

【原典要覧】

初期稿：ハ短調のヴァージョン（BWV 831a。1730年頃の作）。妻アンナ・マグダレーナによる筆写譜が現存（SBB, P 226）。

自筆譜：紛失。

初　版：「クラヴィーア練習曲 第II部」として1735年、ニュルンベルク、Christoph Weigel junior 社刊。表題 *Zweyter Theil der Clavier Übung, bestehend in einem Concerto nach Italiaenischen*（sic）*Gusto, und einer Ouverture nach Französischer Art, vor ein Clavicymbel mit zweyen Manualen*。旧バッハ所有の一部（ロンドン、British Library K. 8. G. 7）には作曲家自身による修正の書き込みが見られる。

当版テクストにある *piano / forte*（イタリック表記）の指示は初版によるもの。

ウヴェルチュル

原典のアーティキュレーション：右手第20b小節第四拍〜第21小節第三拍スタッカート、左手第22小節第四〜第23小節第三拍スタッカート、左手第26小節第四〜六拍スタッカート、右手第38-40小節スタッカート、右手第47-48小節スラー、右手第71小節第四拍〜第72小節第三拍スタッカート、右手第98-102小節スタッカート、右手第104小節第四拍〜第105小節第三拍スタッカート、右手第106小節第四〜六拍スタッカート、右手第135-137小節スタッカート、右手第156小節スラー。

第17小節。右手の四分音符「c#¹」は原典に不在。この場面の響きを強めるための、任意の補充である。

第91-92小節。原註①。右手ソプラノ声部「e²」を結ぶタイは原典に不在だが、これは補充すべきものである。

クラント

原典のアーティキュレーション（スラー）：左手第6小節後半、左手第7小節第一拍、左手第13小節第三拍、第19、22小節。

ガヴォットI

原典のアーティキュレーション（スラー）：右手第1小節八分音符四音、右手第5小節八分音符四音、および順次下行四音のすべての十六分音符ユニット。

ガヴォットII

原典のアーティキュレーション：右手第13-15、20-23小節四音単位のスタッカート＋スラー、右手第18-19小節四音単位のスラー。

パスピエI

原典のアーティキュレーション（スラー）：右手第13-14小節、左手第14小節。

サラバンド

原典のアーティキュレーション（スラー）：右手（ソプラノ）第1小節第二拍〜第2小節第一拍、右手（アルト）第2小節第三拍〜第3小節第一拍、右手（アルト）第16小節第一拍〜第17小節第一拍、左手（バス）第16小節第二拍〜第17小節第一拍。

ブレI

原典のアーティキュレーション（スラー）：左手第21-23小節（四音単位）。

第13小節。原註①に示された異版もありうるが、第14小節右手との音型的対応に鑑みて、原典の配音（当版テクスト）が正当と見なされる。

ジグ

原典のアーティキュレーション（スラー）：右手第33-34小節。

エコー

原典のアーティキュレーション（スラー）：右手第23、25、57小節。

イタリア風協奏曲 ヘ長調
BWV 971

【原典要覧】

自筆譜：紛失。

初　版：「クラヴィーア練習曲 第II部」として1735年、ニュルンベルク、Christoph Weigel junior 社刊。表題 *Zweyter Theil der Clavier Übung, bestehend in einem Concerto nach Italiaenischen*（sic）

Gusto, und einer Ouverture nach Französischer Art, vor ein Clavicymbel mit zweyen Manualen。旧バッハ所有の一部（ロンドン、British Library K. 8. G. 7）には作曲家自身による修正の書き込みが見られる。

当版テクストにある *piano／forte*（イタリック表記）の指示は初版によるもの。

第一楽章

原典のアーティキュレーション（スラー、スタッカート）：右手第15－20、117－182小節、右手第35小節－第39小節第一拍、右手第43－45小節（二番目～五番目の十六分音符）、右手第49－50小節（各第一拍）、第61－63小節（各二番目～四番目の十六分音符）、左手第64小節二番目～四番目の十六分音符、左手第69－72小節。

第1小節。原註①。原典にテンポ指示は不在。協奏曲の第一楽章がAllegroであることは自明ゆえの書き落しか。

第109小節。いくつかの写譜およびそれに基づくエディションで第109小節下声（左手）の二番目の十六分音符は「e♭」とされている。第107小節以降のシークエンスの音列に鑑みればそれも充分にありうる解釈だが、バッハは減五度音「e♭」がバス・テノールの二声に重複することを嫌い、これを「c」（初版）としたものと理解される。

第189－192小節。左手オクタヴィアシオンはビューロー校訂版に由来。現代のピアノで奏する場合、このようなバス補充のなされるのは自然なことである［「演奏ノート」第三楽章第208－210小節を参照］。

第二楽章

Andante のテンポ指示は原典による。

原典のアーティキュレーション（スラー）：右手第4小節第二～三拍、右手第5小節第三拍、右手第7小節右手第三拍、右手第17小節第一拍、右手第37－40小節第一拍、右手第41小節第一、二拍。

第三楽章

Presto のテンポ指示は原典による。

原典のアーティキュレーション（スラー、スタッカート）：右手第9－11小節第一拍、右手第25小節、左手第59－63小節、左手第181－185小節、右手第195－197小節第一拍。

第155小節。左手の二番目の四分音符以降は *piano* と指示される可能性があった。

半音階的幻想曲とフーガ ニ短調
BWV 903

【原典要覧】

初期稿：幻想曲（BWV 903a）。1731－1735年頃の筆写譜（作者不明。ダ

ルムシュタット、Hessische Landes‐und Hochschulbibliothek, Mus. Ms. 69）。現テクストの第1－20小節部分に異なる内容（二十三小節）が示されている。

自筆譜：紛失。

多くの筆写譜のうち主要なものは以下の三点：

筆写譜1：現存する最古の筆写譜（1730年12月6日の日付）。作者不明。表題 *Fantasia chromatica pro Cimbalo*。SBB, P 421。

筆写譜2：バッハの弟子アグリーコラ Johann Friedrich Agricola, 1720‐1774筆（1738‐1741年頃）。表題 *Chromatische Fantasie u. Fuge fürs Clavier*。SBB, P 651。

筆写譜3：フォルケル Johann Nikolaus Forkel, 1749‐1818筆（1775年頃）。表題 *Fantasia chromatica*。SBB, P 212。

初版：1802年、ライプツィヒ、Hoffmeister & Kühnel 社刊。フォルケルの校訂（筆写譜3を原本とする）。

幻想曲

第5小節。原註①。初期稿の当該音は「b♮1」だが、その他の原典は「b♭1」。前者の可能性は排除されない。

第19小節。原註①にコメントされた「f♯2」は筆写譜2に、当版「f♮2」は筆写譜1による。どちらも可。

第37小節。左手の二番目の二分音符の和音構成は諸版に異なる。下記譜例は：a）初期稿、b）バッハの弟子キッテル Johann Christian Kittel, 1732‐1809 またはその弟子による筆写譜、c）ゲプハルディ Johann Nikolaus Gebhardi, 1781‐1813 の筆写譜、d）筆写譜3、e）初版、ビショッフ、ブゾーニ校訂版、f）チェルニー、ビューロー、ザウアー、カゼッラ校訂版。理論上はa、b、d、eが好ましい。実際の響きとしてはc、d、fが自然である。

第50小節。原註①に示された異稿は筆写譜3に由来する。この可能性も排除されないが、この場面の様式からして当版テクストが適正であろう。

第75－79小節。当版のヴァリアントはチェルニー校訂版による。

フーガ

第48小節。原註①の異稿は後代の慣習的奏法。

第87－89小節。右手 ossia は筆写譜3による。

第140－146小節。左手オクターヴのヴァリアントはチェルニー校訂版による。

最愛の兄の旅立ちに寄せるカプリッチオ
BWV 992

【原典要覧】

自筆譜：紛失。

筆写譜：「メラー手稿 Möller Manuscript」と称される作者不明の筆写譜
　　　　（1710 年以前のものと推定）。表題 *Capriccio Sopra il Lontananza
　　　　de il Fratro dilettissimo*（sic）。SBB, Mus. Ms. 40644。

初　版：ライプツィヒ、C. F. Peters 社刊。1839 年。

第一曲

Adagio は原典のテンポ指示。

第 17 小節。右手の二つのモルデント（第 1、2 拍）は原典ではトリ
ル（〰）表記されているが、これは誤植の可能性が高い。

第二曲

第 10‐14 小節。筆写譜ではこの五小節が後から付加されている。

第三曲

原典のテンポ表記は Adagiosissimo。これはバッハもしくは写譜者
の誤綴であろう。当版では適正な表記 Adagissimo に改められた。

原典のアーティキュレーション（スラー）：第 37 小節第三拍～第 42
小節右手、第 37‐39 小節左手。

第五曲

原典のアーティキュレーション（スラー）：第 2‐4 小節右手、第 7
‐10 小節左手、第 9 小節～第 12 小節第一拍右手、第 12 小節左手。

第六曲

原典のアーティキュレーション（スラー）：第 5、29、49、50 小節
右手、第 16、18、22 小節左手、第 42 小節第一～二拍右手、第 57
小節第一拍右手。

第 8 小節。右手最後から二番目の八分音符は筆写譜で「e♭²」。当版テ
クスト「c²」は第 14、25 小節等との整合を図った校訂。どちらも可。
第 48 小節。原註①の異稿は後代の慣習的奏法。これも可。

本項で言及した原典資料の一部については、下記エディション記載の資料情報を
参照した。

Bärenreiter : BA 5152（BWV 825‐830）, BA 5236（BWV 903）

G. Henle Verlag : HN 28（BWV 825‐830）, Nr. 1305（BWV 992）

Editions Peters : EP 11443（BWV 831）

Wiener Urtext Edition : UT 50192（BWV 825‐830）, UT 50186（BWV 831）, UT
50057（BWV 971）, UT 50161（BWV 903）

演奏ノート

六つのパルティータ
BWV 825 – 830

第一パルティータ 変口長調 BWV 825

プレルディウム

シンプルに、かつエレガントに。

第1小節。右手トリル：

第13小節。右手トリル：

第18小節。右手トリルは実音から始めてもよい。
第20小節。第三拍以降ラレンタンドを。

アルマンド

一般的なアルマンドよりも軽快なテンポで。しかし走りすぎずに。
分散和音的音型においては右ペダルを浅く用いる。

第12小節。右手第四拍のトリルは実音からひいてよい。第14、15、
29、30小節も同様に。
第22小節。奏法の提案：

第37–38小節。右手は第17–18小節に准じて次のように奏すること
もできる：

コレンテ

♫ は ♪♪ のリズムで奏する。このトロカイックの律動を愉悦的に。

第13小節。右手トリル：

第13、14小節。左手第三拍の三つの八分音符には「2 3 4」の運指
を奨める。第50、51小節も同様。
第27小節。右手トリル：

第54小節。右手トリルは実音からひいてよい。
第55小節。右手運指の提案：

サラバンド

主旋律のフレーズを長く俯瞰して。ロマンティックに。

第1小節および類似箇所。和音はアルペジオで奏するのがよい：

第4小節。右手トリル：

第8小節。右手、二声解釈のヒント（第16小節参照）：

第19小節。右手トリル：

第24-26小節。左手トリル：

メヌエットI
ノン・レガートのタッチの持ち味を活かして。細い楷書体のように。

第33-36小節。解釈の一例：

メヌエットII
メヌエットIと対照的なレガートのタッチで。

第8小節。右手前打音：

第15小節。右手前打音：

第15小節。左手譜表（アルト）第三拍四分音符「e♭¹」は右手で取る。

ジガ
右ペダルを適宜用いて。淡彩な和声のうつろいを美しく表現する。

第1-8小節。解釈の例：

第48小節。左手二分音符は*sf*で、鮮やかに。

第二パルティータ ハ短調 BWV 826

シンフォニア
第1-7小節（Grave adagio）。オラトリオの序曲のように、ドラマティックに。

第1-2小節。バッハの時代には次のようなリズムで奏された可能性が高い。しかしこの奏法を採るか否かは奏者の任意である。

第8-30小節。オーボエ・ダモーレとチェロのデュオのイメージで。
第29小節。右手トリル：

第77小節。右手トリル：

第90小節。右手トリル：

アルマンド
優しいメランコリーを表わして。

第32小節。第三～四拍は初奏時、次のようにも奏されうる（第16小節参照）：

クラント
♩. ♪のリズムに舞踏的なアクセントを。

第8、16、20小節。左手（バス）への主旋律の導入（アントレ）を明瞭に響かせて。

サラバンド
二声の対位の中にも和声的な重厚感を表現する。

第13-23小節。左手（バス）八分音符楽句の長い歩みをエスプレッシーヴォなタッチで奏する。
第17-20小節。右手のフレーズの切り替えには二声対話を意識する。

ロンド
カプリシャスに。

カプリッチオ

三重奏曲のピアノ版と考えて、諸声部の動きをよく聴いて奏する。

第3小節および類似箇所。十度音程の跳躍句は力まず、軽やかに。

第47小節。左手第二拍はシンプルなモルデント（∿∿）で奏してよい。

第54-55小節。奏法の提案：

第三パルティータ イ短調 BWV 827

ファンタジア

第52小節。右手トリルは実音からひいてよい。

第54小節。右手トリル：

第65小節。右手トリル：

アルマンド

第6小節。右手装飾音：

第6小節。右手第四拍のトリルは実音からひいてよい。第7、14、15小節の右手トリルも同様。

コレンテ

第0-3小節および類似箇所。付点リズムのアーティキュレーションは次のように：

第17小節。トリル：

サラバンド

第0小節および類似箇所。トリル：

第8小節。右手三度は滑走音(スライド)として：

ブルレスカ

テンポは前楽章サラバンドよりも速く、前々楽章コレンテとほぼ同じ程度に。

第1小節。右手トリル：

第9小節。右手トリル：

スケルツォ

第0-3小節および類似箇所。左手の八分音符和音は鋭いアルペジオで奏するのがよい。

第28小節。左手和音奏法：

ジグ

第44-46小節。奏法の提案：

第四パルティータ ニ長調 BWV 828

ウヴェルチュル
ノーブルに、威風堂々と。
$\frac{2}{2}$拍子部分（第1–18a小節）（❶）と $\frac{9}{8}$拍子部分（第18b小節〜）（❷）のテンポ解釈の例：チェルニー「❶ Andante maestoso（♩= 69）、❷ Allegro（♩.= 92）」、ブゾーニ「❶ Grave（♩= 69）、Allegro con calore（♩.= 84）」。

第1–18a小節。この間の付点リズムはバッハの時代、複付点リズムとして奏された可能性が高い。しかしこのスタイルを採用するか否かは奏者の任意である。
第24小節。右手トリル：

第33小節。右手トリル：

　第37、93–96小節も同様に。

第34、35小節および類似箇所。左手、［♩ ♪］×3 の音型をリズミカルに。八分休符のブレスを活き活きと。
第36小節。右手（ソプラノ）前打音は二つの八分音符「d¹–c♯¹」で。
第53小節。右手前打音は二つの八分音符「e¹–d♯¹」で。

アルマンド
声楽曲（アリア）の性格をおびたアルマンドである。カンタービレかつエスプレッシーヴォに。

クラント
曲の大半が一小節を二分する分節（$\frac{3}{4}+\frac{3}{4}$拍子）による事実に注意。一小節を三分する箇所（$\frac{3}{2}$拍子）は第5、14–15、19、38–39小節のみ。

第4、6小節。右手前打音は四分音符の音価で。
第5小節。右手装飾音：

第8、15、39小節。右手トリルは実音からひいてよい。
第9小節。右手トリル：

第12小節。右手前打音：

第17小節。右手前打音：

アリア
テンポは中庸よりやや速い程度に。シンコペーションを活き活きと。

第1小節。右手トリル：

第1–2小節および類似箇所。左手の八分音符は弾むように。八分休符のブレスを効果的に表現する。

サラバンド
アルマンド同様、声楽的性格の濃い作品。主旋律の長いフレーズをよく見通して。

第1小節。右手トリル：

第12小節。内声の増補は自然な減速を求めるものである。

メヌエット
三連八分音符の身ぶりをかわいらしく。

第4小節。右手トリル：

第7、14、23–24小節。♫ のリズムは ♩♪ （三連）として奏される。
第14小節。左手の奏法：

第19小節。右手第三拍四分音符「a♯¹」にはグルペットをつけるのが好ましい。

ジグ
速すぎず。（$\frac{3}{8}$拍子ではなく）あくまで $\frac{9}{16}$拍子の律動を感じて奏する。

第五パルティータ ト長調 BWV 829

プレアンブルム
敏捷に。スカルラッティ風の乾いた指さばきで。

第21−24小節および類似箇所。左手八分音符楽句を単に伴奏として奏かず、リズミカルな躍動を表現する。

アルマンド

三連十六分音符は玉を転がすような粒立ちで。
付点リズムは三連十六分音符の分拍に合わせる形で奏する。

第2小節。右手トリルは実音からひいてよい。第6、14小節も同様。
第2、3小節。前打音奏法：

第6−8、10−11、21−22、26−27小節。♫ は ♫ のリズムで。
第17小節。右手第二拍は次のように奏される可能性がある（第18、19小節も同様）：

第20小節。右手第二拍は次のように奏される可能性がある：

第27小節。右手トリル：

コレンテ

明快に。八分音符の刻みは生気にみちて。

第23小節。右手トリル：

第35小節。右手トリル：

サラバンド

遅くなりすぎずに、付点リズムの律動をひきしめて。

第0−4小節。前打音奏法の例：

第11小節。右手装飾音：

第15小節。右手トリル：

テンポ・ディ・ミヌエット

小節の二分割（第1−3、5−10小節等）と三分割（第4、11−12小節等）とのリズム交替の妙を表現する。

パスピエ

第2小節。右手前打音：

ジグ

第18−20小節。奏法の提案：

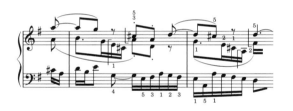

第29−31小節。奏法の提案：

第34小節。左手トリル：

第59−63小節。奏法の提案：

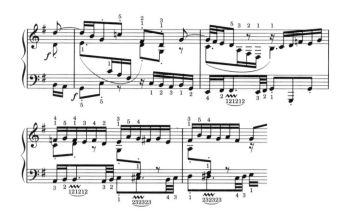

第六パルティータ ホ短調 BWV 830

トッカータ

Grave（−Vivo）部分は即興演奏風に。

$\frac{2}{2}$拍子のテンポについては「楽曲解説」を参照。

第1、2、5、6、8小節および類似箇所。バッハの時代、付点リズムは複付点リズムとして奏された可能性が高い。しかしこの演奏スタイルを採用するか否かは奏者の任意である。

第1−2小節。奏法の例：

第3、7小節。当版校訂では（Vivo）とあるが、やや緩やかに始めて徐々に加速するのがよい。

第26小節。原典にこの地点でのテンポ変換の指示はないが、フーガ部分は楽章冒頭のテンポ（Grave）よりもやや速く奏するのがよい。よって当版の指示 Moderato e tranquillo は適正である。

第27小節。左手トリル：

第37−40小節。左手八分音符楽句にバス／テノールの声の変化をつける。

第40−41小節。奏法の提案：

第51−52小節。奏法の提案：

第77−81小節。奏法の提案：

アルマンド

なめらかに、流れるように。

第4小節。右手前打音は二つの十六分音符（b¹−c²）として。

コレンテ

左手（バス）を縦に刻むようなふうにせず、レガートな前進性をもって奏する。右手シンコペーションはバスから独立した旋律として自由に、浮遊感をもって。

第28小節。右手トリルは実音から。

第113−114小節。奏法の提案：

エール

第3小節。右手トリル：

第28a小節。右手前打音は二つの四分音符（d♯²−e²）として。

サラバンド

重々しく、神秘的に。

第0−1小節。アルペジオ奏法：

第28、29、32小節。右手トリルはいずれも実音から。

第31、32小節。左手トリルは実音からひいてもよい。

テンポ・ディ・ガヴォッタ

当曲において♫と記譜されたリズムはすべて♪♪として奏される。一方、a）♫♫（第0小節上声初出）と b）♫♫♫（第6小節下声初出）のリズムについては次の二通りの解釈が可能である。❶（推奨）これらを記譜通りの四分音符四分割方式に奏する。この場合、前後または上下に存在する三連音との間に「4：3」というポリリズム対立が生じる。同様のポリリズムは「第四パルティータ」のメヌエット（2：3）等に類例がある。❷四分音符三分割（三連音）方式に変形する。すなわち、a）♫♫、b）♫♫♫。

第0-2小節。右手の二声解釈（トッカータとの関連）：

第32小節。右手前打音は二つの四分音符（d#2 - e2）として。

ジグ

主題は険しい音調で。シンコペーションの対主題は音量をひかえめに。

このジグの付点リズムを、❶そのままの音価（現テクスト）で奏するか、❷複付点リズム（譜例a）もしくは三連音分拍（24/8拍子）（譜例b）に変えて奏するかという問題は見解の分かれるところだが、❷は第9小節バスや第18小節ソプラノに現れるリズムの処理に支障をきたすものであることから、私は❶を支持する。

第2小節。左手トリル：

第20小節。右手、アルトの主題（*f*）をきわだたせて。ソプラノと混同して聴こえぬよう、音量の差を明示する。

フランス風序曲 ロ短調
BWV 831

piano / *forte*（イタリック表記）については「楽曲解説」を参照。これらは必ずしも **p** / **f** と同義ではない。現代のピアノのための編曲

として、ブゾーニ＝ペトリのエディション（*J. S. Bach : Klavierwerke, Busoni-Ausgabe Band XIII, Italienisches Konzert F-dur BWV 971, Partita h-moll BWV 831,* Breitkopf & Härtel EB 4313）は大きな参考価値を有している。

ウヴェルチュル

原典に速度や曲想を示す言葉は不在だが、ブゾーニは2/2拍子部分をGrave、6/8拍子部分を Allegro molto e con brio とし、前者に pomposo、後者に leggiero の形容詞を補った。正当な解釈である。

第1-20a小節。この間の付点リズムはバッハの時代、複付点リズムとして奏された可能性が高い。この演奏スタイルを採用するか否かは奏者の任意である。

第2小節。右手前打音は二つの四分音符（d2 - c#2）として。

第7小節および類似箇所。右手トリルは実音から。

第8小節。右手装飾音：

第46小節。右手装飾音：

第47-59小節。ブゾーニ校訂版ではこのセクションにテンポをやや緩める指示（Poco più tranquillo）がなされている。

第116-120小節。右手の二声解釈：

第162小節。右手装飾音：

第163a小節。バッハの反復指示は原則としてすべて遵守すべきところだが、第21-163a小節の反復は任意であってよい。

クラント

三～四声の書式であるが重くならぬように、声部の横の流れをなめらかに。

第2小節。右手前打音：

第6小節。右手トリル：

第8小節。右手モルデントの補助音（下方刺繍音）は「a♮¹」。

ガヴォットⅠ
二小節ごとの楽句の変化を効果的に表現する。

第2小節。右手前打音は二つの四分音符（a♯¹－b¹）として。

ガヴォットⅡ
二本のファゴットの吹奏のように。左ペダルを用いてもよい。

第2小節。右手滑走音：

パスピエⅠ
エッジの効いた踊りの所作を髣髴させて。

第1小節。右手トリル：

パスピエⅡ
第Ⅰ曲と対照的にやわらかく。左ペダルを用いてもよい。

第5－6小節。右手前打音：

サラバンド
第12b小節。右手上音「f♯¹」はトリル（∿）で奏してもよい。

ブレⅡ
当版のPoco più tranquilloのテンポはブゾーニ校訂版に准ずるもの。ブレⅠよりもわずか緩やかに奏するのがよい。

第1小節。右手前打音：

ジグ
トロカイック（四分音符～八分音符）の律動をつねに意識して。類例として「第二フランス組曲 BWV 813」のジグを参照。

エコー
哀愁と諧謔とのメランジュを美しく表現する。

第17－20小節。右手アルト声部を朗々と。

第62－65小節。左手アルト声部の主旋律を美しく浮かび上がらせて。この場面、右手は **pp**。

イタリア風協奏曲 ヘ長調
BWV 971

piano／forte（イタリック表記）については「楽曲解説」を参照。これらは必ずしも **p**／**f** と同義ではない。

第一楽章
明快に。コレッリ、ヴィヴァルディらイタリアの作曲家の協奏曲作品を聴くことは大いに参考になる。

第8－13小節。右手旋律をエスプレッシーヴォに。
第30－42小節。左手は軽やかに。
第46－48小節。右手トリルは実音から。
第91、93、95小節。右手トリルは実音からひいてよい。
第122－123小節。奏法の提案：

第二楽章
旋律はオーボエ・ダモーレのソロのように。鮮やかに、かつしなやかに。

第4小節。右手冒頭のモルデントは鋭すぎず、歌声として旋律的に響かせる。
第7、13、10小節。右手トリルは実音から。
第8小節。右手前打音：

第12、27小節。左手三番目の八分音符の後にかすかな句切り（セズュル）を。
第17小節。右手トリル：

第26小節。右手トリル：

第37小節。右手四つの十六分音符（バッハ自身のスラー）をエスプ

レッシーヴォに。

第 48 小節。充分な減速を。

第三楽章

爽快に。できるだけ速く。

第 9 – 11 小節。右手のアーティキュレーションは拍頭音へのアクセントを意味するものととらえるのがよい。

第 96 小節。左手トリル：

第 138 – 139 小節。現代のピアノでこの部分の右手パートは一オクターヴ高く奏するのが自然であろう。

第 154 小節。右手二番目の二分音符の下音「c^2」を *sf* に強調する。

第 208 – 210 小節。ビューローの奏法 [「註解」第一楽章第 189 – 192 小節を参照]：

半音階的幻想曲とフーガ ニ短調
BWV 903

幻想曲

第 1 – 3 小節。ブゾーニ校訂版では第 1 – 2 小節は ad libitum とされ、第 3 小節で Allegro deciso のテンポが確定される。

第 26 小節。この小節にはラレンタンドをかけてもよい。

第 27 – 49 小節。当版の実施例（上段小音符譜）、およびビューロー、ブゾーニらの校訂版を参考に、奏者独自の演奏法を創意工夫するのがよい。

第 41 小節。実施例の右手最初の十六分音符「$c\sharp^1$」は前小節の「$e\flat^1 – d^1$」の流れを受ける音としてアクセント（>）により奏されるべきである。

第 49 小節以降。レチタティーヴォと、その切れ目に打たれる和音とを異なるタッチで奏き分ける。前者に独唱を、後者に管弦楽（またはハープシコード）を想い描くのがよい。

第 79 小節。原典の最終和音はピカルディの三度（長三和音）であるが、ビューロー校訂版やザウアー校訂版でそれは短三和音とされ、そのバスのトニック「D」音のみフーガ第 1 小節の第一拍まで保持する解釈が示されている。これはフランツ・リスト由来の伝統的な奏法である。

フーガ

第 35 小節。右手トリル：

第 39 小節。右手ソプラノ声部には次の運指を奨める：「2454 5」。

第 41 小節。右手アルト主題の入り「e^1」音をゆたかに響かせる。

第 48 小節。原註①の奏法が推奨される。

第 71 小節。トリル：

最愛の兄の旅立ちに寄せるカプリッチオ
BWV 992

第一曲

先行音が二度上にある場合（第 1、5 小節等）、〰 は実音からひいてよい。

第 5 小節。奏法の提案：

第 12 – 13 小節。奏法の提案：

第三曲

小音符は *pp* の薄いタッチで。この和声音レアリザシオンについては当版の他にもチェルニー、ブゾーニらの校訂版を参考に、奏者独自のヴァージョンを作ることを推奨する。

第 5 – 6 小節。アーティキュレーションのニュアンス：

第四曲

テンポはあまり遅くなく。たたみかけるような八分音符の下行フレーズに祝福のニュアンスをこめる。

第五曲

第3小節。右手前打音：

第六曲

テンポは第五曲と同じ、もしくはやや速い程度。

第22小節。右手アルト第一拍の四分音符「f¹」（主題の入り）を明瞭に（*f*）。その下の八分音符「c¹」は左手で取る。

第58小節。最終和音（フェルマータ）へ向けてアラルガンドを。

バッハ 年譜

遠山　裕編

年	出　来　事
1685	3月21日、アイゼナハに生まる。
1690	長兄ヨハン・クリストフがオールドルフの教会オルガニストとなる。
1693	ラテン語学校に通学（〜1694）。
1694	母エリーザベト没（5月）。
1695	父ヨハン・アンブロジウス没（2月）。 オールドルフの長兄のもとに移住（6月）。オルガン、クラヴィーアを学ぶ。同地のギムナジウムでルター神学を学ぶ。
1700	リューネブルクの聖歌隊員となる（3月）。この時期ツェレでフランスの音楽様式を学び、ハンブルクで J. A. ラインケンのオルガン演奏を聴いて北ドイツ楽派の様式に開眼する。
1703	ヴァイマル公の弟ヨハン・エルンストの宮廷楽師となる（3月）。同地で J. P. v. ヴェストホフの無伴奏ヴァイオリン演奏のスタイルを知る。 **アルンシュタット期**（〜1707） アルンシュタットの教会オルガニストに就任（8月）。
1704	この頃兄ヨハン・ヤーコプがスウェーデン王近衛隊のオーボエ奏者となる。
1705	聖歌隊の指導助手となる。隊員・上官との諍いが絶えず、決闘騒ぎを起す（夏）。 リューベックへ旅行（10月〜翌年1月）、ブクステフーデのオルガン演奏を聴く。
1706	休暇の無断延長等を理由に聖職会議に喚問され叱責を受ける（2月）。 J. C. フォーグラーが弟子となる（〜1715）。
1707	**ミュールハウゼン期**（〜1708） ミュールハウゼンの聖ブラジウス教会オルガニストに就任（6月）。 又従姉マリア・バルバラ・バッハと結婚（10月）。
1708	初めての作品出版（カンタータ BWV 71）（2月）。 **ヴァイマル期**（〜1717） ザクセン=ヴァイマル公ヴィルヘルム・エルンストの宮廷楽師・オルガニストに就任（6月）。ヴァイマルの宮廷楽団においてヴィヴァルディらイタリアの作曲家の器楽合奏曲に接する。 J. G. ヴァルターを知る。この頃 G. P. テレマンとの交友が始まる。
1710	長男ヴィルヘルム・フリーデマン誕生（11月）。
1713	ハレに滞在（12月）。同地の教会オルガニストに志願するが、ほどなくこれを取り下げる。
1714	ヴァイマルの宮廷楽長に就任（3月）。 息子カール・フィリップ・エマヌエル誕生（3月）、テレマンがその名付親となる。
1716	J. クーナウらとともにハレの聖母教会のオルガンを鑑定（4-5月）。
1717	**ケーテン期**（〜1723） ケーテン侯レオポルトの宮廷楽長に任命される（8月）。 ドレスデンへ旅行（秋）。同地に滞在していた L. マルシャンとのハープシコード演奏試合が予定されたが、マルシャンによりキャンセルされる。 ケーテンに移住（12月）。ケーテン侯レオポルトによる厚遇を受ける。宮廷楽団はガンバの名手 C. F. アーベルを含む優秀な演奏家により構成されていた。
1718	ケーテン侯とともにカールスバートへ旅行（5-6月）。
1719	ハープシコード購入のためベルリンを訪問（3月）。同地でブランデンブルク辺境伯クリスティアン・ルートヴィヒから作品の依頼を受ける。 ハレに旅行（5-7月）。同地在住の G. F. ヘンデルを訪問するも会見かなわず。
1720	ケーテン侯とともにカールスバートへ旅行（5-7月）。この旅行の留守中、妻マリア・バルバラ逝去（7月）。 ハンブルク、聖ヤコプ教会のオルガニストに志願（11月）。その際コラール「バビロンの流れのほとりで」による即興演奏を披露し審査員ラインケンから讃辞を受けるが、転職は実現せずケーテンに留まる。
1721	ブランデンブルク辺境伯に委嘱作《ブランデンブルク協奏曲》を献呈（3月）。 アンナ・マグダレーナ・ヴィルケと再婚（12月）。 ケーテン侯の結婚（12月）。これを機に侯の音楽熱が冷める。

年	出　来　事
1722	クーナウ没（6月）。ライプツィヒの聖トマス・カントルに志願（12月。翌年5月採用）。
1723	**ライプツィヒ第I期**（〜1730） ライプツィヒに移住（5月）。クーナウの後任として聖トマス教会付属学校のカントルに就任（6月）。聖トマス教会はもとよりライプツィヒ市のすべての教会音楽の責任者としての、激務の日々が始まる。
1725	礼拝音楽の管理権をめぐって意見書を提出（9月）。教会との紛争の始まりとなる。 ドレスデンへ旅行。同地の聖ソフィア教会でオルガン演奏会（9、11、12月）。
1726	最初のクラヴィーア出版曲「パルティータ BWV 825」をケーテン侯子エマヌエル・ルートヴィヒに献呈（9月）。
1727	ザクセン侯妃追悼礼拝をめぐり教会と対立（10月）。
1728	讃美歌の選曲権をめぐって聖職会議と対立（9月）。 この頃より教会カンタータの作曲が減少する。
1729	トマス学校の入学試験方法について意見書を提出するもライプツィヒ市当局により却下。 ケーテン侯レオポルトの追悼式でカンタータを指揮（3月）。 コレギウム・ムジクムの指揮者に就任（3月）。 この頃より旧作《マタイ受難曲》《マニフィカト》《復活祭オラトリオ》等の手直しや補筆が行なわれる。
1730	**ライプツィヒ第II期**（〜1740） ライプツィヒ市議会がバッハの職務態度を非難、減俸処分とする（8月）。 教会音楽の改善を求める意見書を提出〜市議会により却下（8月）。
1731	「クラヴィーア練習曲 第I部」出版。
1733	ザクセン侯=ポーランド王フリードリヒ・アウグストの就位記念礼拝でキリエ、グローリア（のち《ロ短調ミサ》所収）を演奏（4月）。このちザクセン侯宮廷作曲家への度々の志願（〜1736）。 ヴィルヘルム・フリーデマン・バッハがドレスデンの聖ソフィア教会のオルガニストとなる（6月）。
1734	J. A. エルネスティがトマス学校長に就任（11月）。バッハと教会との関係がさらに悪化する。
1735	「クラヴィーア練習曲 第II部」出版（5月）。 息子ヨハン・クリスティアン誕生（9月）。
1736	聖歌隊の指導助手任命をめぐり学校長エルネスティと対立。 ザクセン侯の宮廷作曲家に任命（11月）。この肩書はバッハの身分・活動を保障するところとなる。 ドレスデンでジルバーマン製オルガンによる演奏会（12月）。
1737	J. A. シャイベが「批判的音楽家」誌上でバッハを批判（5月。翌年も）。
1738	J. F. アグリーコラが弟子となる（〜1741）。
1739	「クラヴィーア練習曲 第III部」出版。この頃より器楽曲の創作に専念。 J. P. キルンベルガーが弟子となる（〜1741）。
1742	**ライプツィヒ第III期**（1740-1750） 「クラヴィーア練習曲 第IV部」出版。
1744	J. C. アルトニコルが弟子となる（〜1748）。
1746	ヴィルヘルム・フリーデマン・バッハがハレの聖母教会オルガニストとなる（4月）。 カール・フィリップ・エマヌエル・バッハがプロイセンのフリードリヒII世の宮廷音楽家となる。 E. G. ハウスマンによる肖像画が描かれる。
1747	ベルリン、ポツダムへ旅行（5月）。フリードリヒII世に謁見、「王の主題」を賜る。 L. C. ミツラー主宰の音楽学術協会に入会（6月）。
1749	アルトニコルと娘エリーザベト・ユリアーネ・フリーデリカが結婚（1月）。 この頃より視力の衰えが進む。
1750	二回の白内障手術（3月、4月）。 7月28日、ライプツィヒにて没す。聖ヨハネ教会墓地に埋葬。第二次世界大戦で同教会が破壊されたのち、1950年に聖トマス教会内に移葬された。

バッハ クラヴィーア作品表

完成年または推定作曲年を示す（異説もあり）。当版所収のクラヴィーア作品は太字表記（右肩付ローマ数字＝巻）。　　　　　　　　　遠山　裕編

活　動　期	クラヴィーア作品	その他主要作品
アルンシュタット期 (1703-1707)	最愛の兄の旅立ちに寄せるカプリッチオ BWV 992 (1704頃)^V	トッカータ、アダージョとフーガ ハ長調 BWV 564 (トッカータのみ。1707以前)
ミュールハウゼン期 (1707-1708)		トッカータとフーガ ニ短調 BWV 565 (1704-1708頃) パッサカリア ハ短調 BWV 582 (1708以前) カンタータ BWV 71 (1708)
ヴァイマル期 (1708-1717)	トッカータ BWV 910-916 (1717以前)^VI 協奏曲編曲集 BWV 972-987 (1717以前) アルビノーニの主題によるフーガ BWV 950 & 951 (1710頃) プレリュードとフーガ イ短調 BWV 895 (1710年代)^IV プレリュードとフーガ ホ短調 BWV 900 (1710年代)^IV イギリス組曲 第一番 BWV 806 (1717以前)^III	小フーガ ト短調 BWV 578 (1713以前) 狩のカンタータ BWV 208 (1713) トッカータとフーガ「ドリア調」BWV 538 (1717以前) トッカータ、アダージョとフーガ ハ長調 BWV 564 (1717以前) プレリュードとフーガ イ短調 BWV 543 (1717以前) オルガン小曲集 BWV 599-644 (1717以前) その他オルガン作品多数
ケーテン期 (1717-1723)	ヴィルヘルム・フリーデマン・バッハのためのクラヴィーア小曲集 (1720編集開始) 半音階的幻想曲とフーガ ニ短調 BWV 903 (1720頃／1730頃改訂)^V フゲッタ ハ短調 BWV 961 (1720頃)^IV フーガ ハ長調 BWV 952 (1720-1721頃)^IV フーガ ハ長調 BWV 953 (1720-1721頃)^IV 平均律クラヴィーア曲集 第I巻 BWV 846-869 (1722)^I フランス組曲 第一～五番 BWV 812-816 (1722)^III 組曲 イ短調 BWV 818 (1722頃) 組曲 変ホ長調 BWV 819 (1722頃) アンナ・マグダレーナ・バッハのための音楽帖 第I巻 (1722編集開始) インヴェンションとシンフォニア BWV 772-801 (1723)^IV プレリュードとフゲッタ ニ短調 BWV 899 (1720年代初期)^IV 六つの小プレリュード BWV 933-938 (1720年代)^IV 十二の小プレリュード BWV 924, 939, 999, 925, 926, 940, 941, 927, 928, 929, 930, 942 (1720年代)^IV	無伴奏ヴァイオリンのためのソナタとパルティータ BWV 1001-1006 (1720頃) 無伴奏チェロ組曲 BWV 1007-1012 (1720頃) チェロ（ガンバ）ソナタ BWV 1027-1029 (1720頃) ブランデンブルク協奏曲 BWV 1046-1051 (1721) 管弦楽序曲(組曲)第一、四番 BWV 1066 & 1069 (1723以前) ヴァイオリン協奏曲 BWV 1041 & 1042 (1723以前) 二本のヴァイオリンのための協奏曲 ニ短調 BWV 1043 (1723以前) ヴァイオリンソナタ BWV 1014-1019 (1723以前) 幻想曲とフーガ BWV 542 (1723以前)
ライプツィヒ第I期 (1723-1730)	イギリス組曲 第二～五番 BWV 806-811 (1725頃)^III フランス組曲 第六番 BWV 817 (1725頃)^III アンナ・マグダレーナ・バッハのための音楽帖 第II巻 (1725編集開始) 幻想曲とフーガ イ短調 BWV 904 (1725頃) パルティータ 第一番 BWV 825 (1726以前)^V パルティータ 第二番 BWV 826 (1727)^V パルティータ 第三番 BWV 827 (1727以前)^V パルティータ 第四番 BWV 828 (1728)^V パルティータ 第五番 BWV 829 (1730)^V パルティータ 第六番 BWV 830 (1730以前)^V (BWV 825-830:「クラヴィーア練習曲 第I部 (1731)」)	教会カンタータ多数 マニフィカト BWV 243 (第一稿1723／第二稿1731頃) ヨハネ受難曲 BWV 245 (第一稿1724／のち1749までの間たびたび改訂) 復活祭オラトリオ BWV 249 (第一稿1725／第二稿1735) マタイ受難曲 BWV 244 (第一稿1727-1729／第二稿1736)
ライプツィヒ第II期 (1730-1740)	フランス風序曲 BWV 831 (1730頃／1734改訂)^V イタリア風協奏曲 BWV 971 (1734)^V (BWV 831 & 971:「クラヴィーア練習曲 第II部」) 四つのデュエット BWV 802-805 (1739)（「クラヴィーア練習曲 第III部」所収）	管弦楽序曲(組曲) 第三番 BWV 1068 (1730頃) ロ短調ミサ (キリエ、グローリア) BWV 232 (1733) コーヒーカンタータ BWV 211 (1734-1735) クリスマスオラトリオ BWV 248 (1734-1735) ハープシコード協奏曲 BWV 1052-1058 (1735-1740) 管弦楽序曲(組曲) 第二番 BWV 1067 (1739頃) プレリュードとフーガ 変ホ長調「聖アンヌ」BWV 552 (1739) コラール前奏曲 BWV 669-689 (1739)（BWV 552 および BWV 669-689:「クラヴィーア練習曲 第III部」所収）
ライプツィヒ第III期 (1740-1750)	平均律クラヴィーア曲集 第II巻 BWV 870-893 (1742)^II ゴルトベルク変奏曲 BWV 988 (1742)（「クラヴィーア練習曲 第IV部」）	謎のカノン BWV 1076 (1746頃) カノン変奏曲「高き天より」BWV 769 (1747) 音楽の捧げもの BWV 1079 (1747) シューブラー・コラール集 BWV 645-650 (1749以前) ロ短調ミサ BWV 232 (1749) フーガの技法 BWV 1080 (1750)

［新版］ バッハ ピアノ作品集　［5］パルティータ 他

2022 年 7 月 20 日　第 1 刷発行
2023 年 11 月 20 日　第 2 刷発行

編集・校訂・運指　井口基成 ©

解説　　　　　　　遠山　裕 ©

発行者　　　　　　小林公二

発行所　　　　　　株式会社　春秋社　

　　　　　　　　　〒 101-0021　東京都千代田区外神田 2-18-6
　　　　　　　　　TEL （03）3255-9611 ［営業部］・（03）3255-9614 ［編集部］
　　　　　　　　　FAX （03）3253-1384　　振替 00180-6-24861
　　　　　　　　　https://www.shunjusha.co.jp/

解説内譜例浄書　株式会社　クラフトーン

装幀　　　　　　　伊藤滋章

印刷・製本　　　　萩原印刷株式会社

© Shunjusha Publishing Company 2022

LOVE THE ORIGINAL
楽譜のコピーはやめましょう

ISBN 978-4-393-91810-4 C3373
定価は表紙に表示してあります

春秋社　［新版］ピアノ作品集

バッハ ピアノ作品集　井口基成（校訂・運指）　遠山 裕（解説）

第1巻　平均律クラヴィーア曲集 第1巻（全24曲）　BWV 846-869　2530 円
第2巻　平均律クラヴィーア曲集 第2巻（全24曲）　BWV 870-893　2860 円
第3巻　フランス組曲（全6曲）　BWV 812-817
　　　　イギリス組曲（全6曲）　BWV 806-811　2860 円
第4巻　インヴェンション シンフォニア 他　二声のインヴェンション（全15曲）BWV 772-786／三声のシンフォニア（全15曲）BWV 787-801／十二の小プレリュード BWV 924, 939, 999, 925, 926, 940, 941, 927-930, 942／六つの小プレリュード BWV933-938／フーガ（フゲッタ）ハ短調 BWV 961／フーガ ハ長調 BWV 952／フーガ ハ長調 BWV 953／プレリュードとフゲッタ ニ短調 BWV 899／プレリュードとフーガ ホ短調 BWV 900／プレリュードとフーガ イ短調 BWV 895　1870 円
第5巻　パルティータ 他　六つのパルティータ BWV 825-830／フランス風序曲 ロ短調 BWV 831／イタリア風協奏曲 ヘ長調 BWV 971／半音階的幻想曲とフーガ BWV 903／最愛の兄の旅立ちに寄せるカプリッチオ BWV 992　3190 円
第6巻　トッカータ集（全7曲）　BWV 910-916　2310 円

ベートーヴェン ピアノ作品集　井口基成（校訂・運指）　遠山 裕（解説）

第1巻　ソナタ集-1［第1番〜第11番］　第1番 Op. 2-1（ヘ短調）／第2番 Op. 2-2（イ長調）／第3番 Op. 2-3（ハ長調）／第4番 Op. 7（変ホ長調）／第5番 Op. 10-1（ハ短調）／第6番 Op. 10-2（ヘ長調）／第7番 Op. 10-3（ニ長調）／第8番 Op. 13《悲愴》（ハ短調）／第9番 Op. 14-1（ホ長調）／第10番 Op. 14-2（ト長調）／第11番 Op. 22（変ロ長調）　3300 円
第2巻　ソナタ集-2［第12番〜第23番］　第12番 Op. 26（変イ長調）／第13番 Op. 27-1（変ホ長調）／第14番 Op. 27-2《月光》（嬰ハ短調）／第15番 Op. 28《田園》（ニ長調）／第16番 Op. 31-1（ト長調）／第17番 Op. 31-2《テンペスト》（ニ短調）／第18番 Op. 31-3（変ホ長調）／第19番 Op. 49-1（ト短調）／第20番 Op. 49-2（ト長調）／第21番 Op. 53《ヴァルトシュタイン》（ハ長調）／第22番 Op. 54（ヘ長調）／第23番 Op. 57《熱情》（ヘ短調）　3520 円
第3巻　ソナタ集-3［第24番〜第32番］　第24番 Op. 78《テレーゼ》（嬰ヘ長調）／第25番 Op. 79（ト長調）／第26番 Op. 81a《告別》（変ホ長調）／第27番 Op. 90（ホ短調）／第28番 Op. 101（イ長調）／第29番 Op. 106《ハンマークラヴィーア》（変ロ長調）／第30番 Op. 109（ホ長調）／第31番 Op. 110（変イ長調）／第32番 Op. 111（ハ短調）　3080 円
第4巻　変奏曲集　24 の変奏曲 ニ長調 WoO 65／9 つの変奏曲 イ長調 WoO 69／6 つの変奏曲 ト長調 WoO 70／12 の変奏曲 イ長調 WoO 71／6 つの変奏曲 ヘ長調 Op. 34／変奏曲 変ホ長調 Op. 35／7 つの変奏曲 ハ長調 WoO 78／32 の変奏曲 ハ短調 WoO 80／6 つの変奏曲 ニ長調 Op. 76／ディアベッリのワルツによる 33 の変奏曲 ハ長調 Op. 120　2860 円
第5巻　小品集　7 つのバガテル Op. 33／11 のバガテル Op. 119／6 つのバガテル Op. 126／バガテル ハ短調 WoO 52／バガテル ハ長調 WoO 56／2 つのプレリュード Op. 39／プレリュード ヘ短調 WoO 55／2 つのロンド Op. 51／ロンド・ア・カプリッチオ ト長調 Op. 129／ロンド イ長調 WoO 49／幻想曲 Op. 77／ポロネーズ ハ長調 Op. 89／アンダンテ ヘ長調 WoO 57《アンダンテ・ファヴォリ》／《エリーゼのために》WoO 59／6 つのエコセーズ WoO 83　2750 円

ショパン ピアノ作品集　井口基成（校訂・運指）　遠山 裕（解説）

第1巻　ソナタ　Op. 35《葬送行進曲つき》、Op. 58
　　　　バラード　Op. 23、38、47、52　2860 円
第2巻　ノクターン　Op. 9、15、27、32、37、48、55、62、72 no. 1　2640 円
第3巻　アンプロンプチュ　Op. 29、36、51、66《幻想即興曲》
　　　　ファンタジー　Op. 49
　　　　スケルツォ　Op. 20、31、39、54　2640 円
第4巻　12 のエチュード　Op. 10／12 のエチュード　Op. 25／3 つの新エチュード　2860 円
第5巻　24 のプレリュード　Op. 28／プレリュード　Op. 45
　　　　ワルツ　Op. 18《華麗なる大円舞曲》、Op. 34《華麗なる円舞曲》、Op. 64 no. 1《小犬ワルツ》、Op. 69 no. 1《告別》、ホ短調（遺作）他　2640 円
第6巻　マズルカ　Op. 6、7、17、24、30、33、41、50、56、59、63、67、68、「ラ・フランス・ミュズィカル」、「エミル・ガイヤール」　3080 円
第7巻　ポロネーズ　Op. 26、Op. 40 no. 1《軍隊ポロネーズ》、Op. 40 no. 2、Op. 44、Op. 53《英雄ポロネーズ》、Op. 61《ポロネーズ＝ファンテジー》、Op. 71、Op. 22《アンダンテ・スピアナートと華麗なる大ポロネーズ》　2750 円
第8巻　ロンド　Op. 1／マズルカ風ロンド　Op. 5／ロンド　Op. 16
　　　　華麗なる変奏曲　Op. 12／ドイツ民謡による変奏曲（遺作）
　　　　ボレロ　Op. 19／タランテッラ　Op. 43／演奏会用アレグロ　Op. 46／ベルスーズ（子守歌）　Op. 57／バルカロル（舟歌）Op. 60／葬送行進曲　Op. 72 no. 2／3 つのエコセーズ　Op. 72 no. 3　2970 円

価格は税込（10%）　　　　　　　　　　　　　　　　　　　　　目録をご希望の方は小社営業部まで。